邪馬台国は「朱の王国」だった

蒲池明弘

文春新書

1177

はじめに

邪馬台国とヤマト王権。日本の歴史のはじまりに見えるこのふたつの古代国家は、朱（辰砂《しんしゃ》）という鉱物の採掘とその輸出によって繁栄した「朱の王国」だった――。

五十年ほどまえ、鉱山関係者によって提唱されたそんな説があります。この本のメインテーマは、従来、あまり注目されることのなかったこの仮説を手がかりとして、古代日本に「朱の王国」を探ってみることです。検討の対象とする期間は、邪馬台国の時代、ヤマト王権が成立したとされる古墳時代、そして奈良時代に大仏が建立されるころまでです。

邪馬台国をタイトルにかかげながら、奈良時代をとりあげる理由は、奈良県こそ古代の朱産地のなかで、最大の現場であったと目されているからです。「朱の王国」としての邪馬台国の残照は、六百年ほどのちの奈良時代にまで及んでいるのではないか。そうした想定のもと、邪馬台国の時代から奈良時代までの期間、二世紀から八世紀を「朱の古代史」として描いてみます。

朱の鉱床が広がっているのは、平城京の流れをくむ奈良市ではなく、そのずっと南にある宇陀《うだ》市から桜井市にかけてです。桜井市は、邪馬台国の最も有力な候補地として話題になっている纒向《まきむく》遺跡のあるところです。

天然の朱は、赤色の塗料であるとともに、薬品の素材であり、防腐剤、防虫剤としても利用されていました。水銀と硫黄の化合物が朱（硫化水銀）ですから、加熱して硫黄を分離すれば、水銀を得ることができます。古代中国において朱と水銀は、不老不死をねがう神秘的な薬品いわゆる仙薬の主原料として珍重されました。朱は火山活動の産物ですから、火山列島である日本の各地で採掘され、中国や朝鮮半島に輸出された歴史があります。

奈良県に朱の産地があるということは歴史に興味のある方であれば、聞いたことのある話かもしれません。奈良に朱の鉱床が形成されたのは千五百万年まえの火山活動のときです。火山活動にともない、熱水に溶けた金属鉱物が凝集し、採掘可能な鉱床が形成されることがあります。これを「熱水鉱床」といい、金山、銀山の多くはこのタイプに属しています。奈良と伊勢の朱産地は典型的な熱水鉱床です。

日本列島における国家誕生の地（邪馬台国？）は、最大の朱の鉱床と重なっている。伊勢には天皇家の先祖神を祀る国家的な神社があり、そこにも大きな朱産地がある。それは偶然なのか、それとも――。そこにポイントを置きつつ、古事記や日本書紀、「魏志倭人《ぎしわじん》伝《でん》」を読み直してみれば、これまでとはちがった日本像が見えてくるかもしれない。それが本書のプランです。

私は鉱物や鉱山の専門家でも、邪馬台国の研究者でもないのですが、火山神話にかかわる本を執筆したことをきっかけとして、火山の産物である朱の歴史にひきよせられ、この本を書きました。仮説にもとづく一種の思考実験ですから、読んでくださる皆さまが、議論の当否を判定するためのデータをできるだけ多く提供するよう心がけます。その流れのなかで、私のアイデアも申し添えたいとおもいます。

私は以前、読売新聞社に勤務していましたが、経済部に在籍していたころから、縄文時代、旧石器時代にさかのぼる日本列島の経済史を本にしたいとおもい、データを集めています。朱の歴史は、日本列島における産業と交易をかんがえるうえでも、欠かすことのできないテーマです。この本では、古代社会の〝ビジネス〟を想定しつつ、邪馬台国時代にはじまる朱の歴史を描いてみようとおもいます。

関係する各地に足を運んで右往左往することになってしまいましたが、そんな手探りの取材をまとめた報告がこの本です。体系的な知識にもとづく学術書とは対照的な内容ですが、そこに独自の商品価値が自然発生してくれることを念じるばかりです。

邪馬台国は「朱の王国」だった◎**目次**

朱に関する年表

年代	時代	天皇	出来事
1500万年前	新生代・第三紀		紀伊半島で巨大な火山活動。現在の奈良、伊勢に朱の鉱床ができる
約3万5000年前〜	後期旧石器時代		
約1万5000年前〜	縄文時代		朱の利用が始まる（朱塗りの土器、木器）
前1000年ごろ〜	弥生時代		伊都国（九州北部）などで朱墓が出現
（紀元前4、5世紀〜説もあり）			国内各地で朱を採掘
			神武天皇伝説
2世紀			邪馬台国の時代（2世紀から3世紀）
3世紀			卑弥呼、魏に使節を派遣
	古墳時代	（10　崇神）	箸墓古墳（卑弥呼の墓という説あり）造営
			「魏志倭人伝」の成立、朱の山の記録あり
4世紀		（12　景行）	ヤマトタケル伝説
		（14　仲哀）	（神功皇后）
5世紀		（15　応神）	
			巨大古墳の最盛期（仁徳、応神天皇陵）
6世紀		26　継体	
7世紀			
		38　天智	
		40　天武	八色の姓制定（684）、朱鳥に改元（686）
8世紀	奈良時代		平城京（奈良）に遷都（710）
			古事記成立（712？）、日本書紀の成立（720）
		45　聖武	大仏造立（水銀アマルガムによる鍍金）
	平安時代	50　桓武	平安京（京都）に遷都（794）
			このころ伊勢が最大の朱産地となる
14世紀	室町時代		国内の朱鉱床は枯渇に向かう
17世紀	江戸時代		朱・水銀の輸入国に転じる
19世紀	明治時代		近代技術による鉱床の再開発がはじまる
20世紀	昭和時代		水銀に換算して世界7位の生産高を記録（1944）
			朱の商業的採掘が終了（1970年代）

※天皇は朱と強く関係する代だけ記述。前にある数字は代。（　）内は実在が歴史学的に不明

※出来事の後にある（　）内の数字は西暦

序章　奈良と九州——太古の火山と朱の鉱床群

失われた朱《あか》い風景

国旗である日の丸。神社の赤い鳥居や社殿。朱塗りの漆器。印鑑の朱肉。私たちの身のまわりには多くの朱色があり、日本という国のシンボルカラーといっていいかもしれません。朱を漆に混ぜて塗る技法は縄文時代から土器、木櫛などにほどこされており、japanという単語には漆、漆器の意味もあります。より安価で安全な人工的な朱色塗料がつかわれることが増えていますが、古代以来の正統な朱とは、水銀と硫黄の化合物である硫化水銀（HgS）。本稿がテーマとするのはこの天然の朱です。あざやかな赤味を帯びた石、砂として自然界に存在しています。

江戸時代の医者である橘南谿《たちばななんけい》という人物が、気候風土と病気のかかわりを調査するため各地を歩いており、「東遊記」という紀行文をのこしていますが、現在の青森県にある「朱谷」を訪れたときに見た光景をこう書いています。

この谷の土、石みな朱色なり。水の色までいと赤く、ぬれたる石の朝日に映ずる色、誠に花やかにて、目さむる心地す。その落つる所の海の小石までも多く朱色なり。

（句読点など一部変更）

橘南谿はこの赤色の石を辰砂、すなわち硫化水銀の朱石であると述べています。江戸時代、辰砂は薬品原料としてつかわれていたので、正確な知識をもっていたようです。このような朱《あか》い大地が、古代の日本列島の各地にあったとかんがえられています。

鉱物としての朱（硫化水銀）は火山活動にともなう熱水鉱床として形成されることが多いので、世界的にその分布は偏っています。大きな産地は、日本から南北アメリカ大陸につらなる環太平洋の火山帯、中国内陸部、ヒマラヤなど内陸アジア、スペイン、イタリアなど地中海エリア。火山国である日本は東アジアの重要産地のひとつで、中国や朝鮮半島へ輸出されていた地理的な背景はそこにあります。

火山列島である日本の各地に朱の産地があったことは、朝廷の編纂した「続日本紀」など、古代の文献に記録されています。ただ、鉱床の実態、採掘の方法など、多くのことが明らかになっていません。古代でもその初期段階においては、地面や崖の表面に露出している朱のかたまりを採掘するだけだったとみられており、いったん掘りつくしてしまうと、色彩のうえでは特徴のとぼしい地面、崖がのこるだけです。このため、採掘の場所さえわ

写真1　朱の鉱石（辰砂）大和水銀鉱山（奈良県宇陀市）
注　写真で灰色に見える部分が、実物では赤みをおびている。

からない事例が大半です。

朱の鉱物はもろくて砕けやすいので、砂状になって川や池の底あるいは谷筋の窪地などに堆積するといい、そうした場所も最初期の朱の採取地だったといわれています。こちらも採りつくしてしまえば、何の痕跡ものこりません。そのまま放置され、忘れられた朱産地が、日本列島には無数にあるともいわれています。

日本列島で産する朱は、古代において重要な輸出品でしたが、室町時代には枯渇の色を濃くし、江戸時代には輸入国に転じています。ただ、江戸時代においても、前述の橘南谿が見たように、東北地方の最北端にはわずかに、豊かな採掘地がのこっていたようです。

朱と邪馬台国

火山列島の日本には数多くの朱産地があったとみられていますが、次ページに掲載した地図で示しているとおり、とくに朱産地が密集している四つのエリアが専門家によって明らかにされています。奈良と伊勢地方の二か所に分布する「大和鉱床群」、徳島県を中心とする四国の「阿波鉱床群」、長崎県と佐賀県の「九州西部鉱床群」、大分県から鹿児島県にかけてひろがる「九州南部鉱床群」です。

九州にはふたつの鉱床群があり、小さな産地もふくめると、九州本土のほとんどの県に朱の採掘記録があります。「大和鉱床群」の中心は奈良県宇陀市から桜井市にあり、東西わずか七キロほどのエリアに朱の鉱床が形成されています。「面」のように広がる九州の朱産地と比較すると、「点」のような狭い面積ですが、そこが日本列島で最大の朱の鉱床なのです。

ここで注目すべきは、奈良と九州という朱の二大産地が、日本の古代史においても重要な地位を占めているということです。古事記・日本書紀（以後、「記紀」と略す）に記された神話と歴史は、奈良と九州の二つが中心となっています。また、これまで何度も大きな

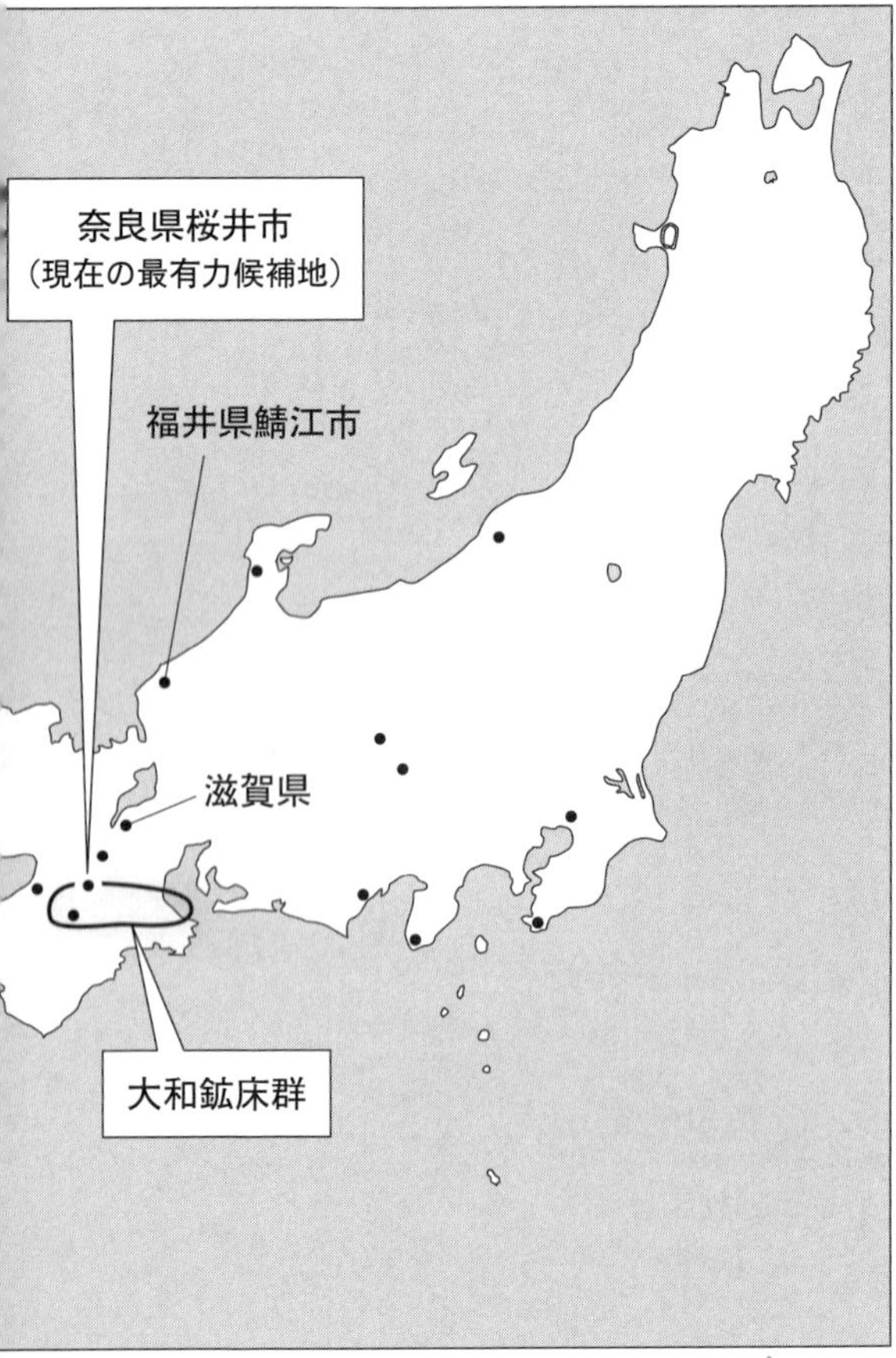

台国候補地

レガイド 50』にもとづく。本書でとりあげる候補地は地名を記載。

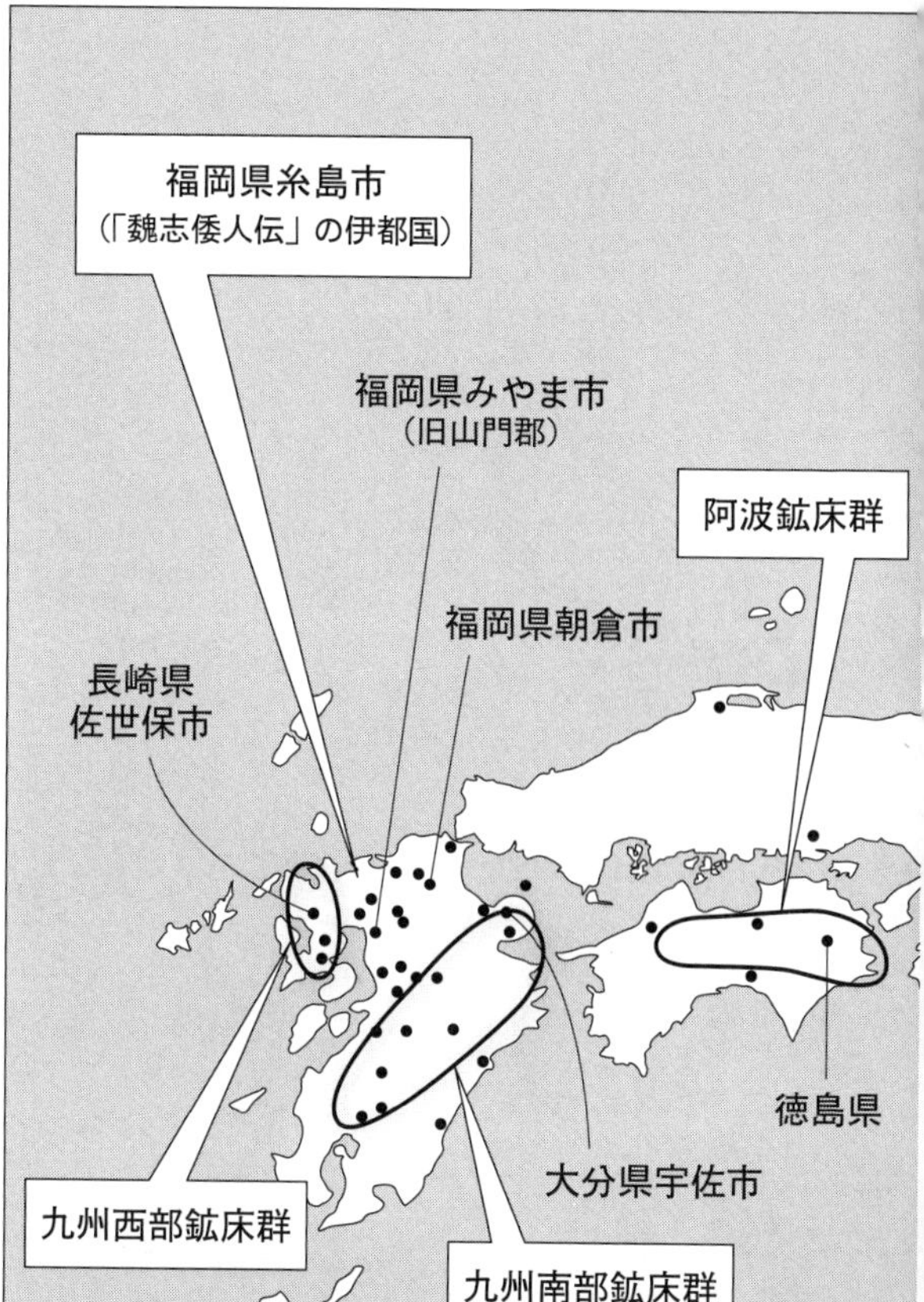

図1　朱産地の四大鉱床群（北海道をのぞく）**と全国の邪馬**

注1　朱の鉱床群は市毛勲『朱丹の世界』にもとづく。
注2　●は邪馬台国候補地。『邪馬台国への旅　日本全国・比定地トラベ

論争を巻き起こしてきた邪馬台国に関しても同じことがいえます。

邪馬台国の所在地をめぐっては、近畿説と九州説のあいだで長い論争の歴史がありますが、近畿説とはいっても、実際は奈良説であり、桜井市の纒向遺跡に卑弥呼の王宮があったと見る専門家が少なからずいます。これに対して、九州ではすべての県に邪馬台国の候補地があり、議論は拡散しがちです。一説によると、九州には邪馬台国候補地が五十か所ほどあって、近畿説の論者からは「選挙でもして一本化したほうが良いのでは」と揶揄されているほどです。邪馬台国論争における近畿説、九州説を俯瞰すると、朱の鉱床の分布とよく似ており、一点集中の近畿説、「面」のように広く拡散している九州説という様相がうかがえます。

あまり知られていませんが、四国に邪馬台国があったと主張する地元研究者もいて、徳島県にある弥生時代からの朱の採掘遺跡がその根拠とされています。このあと詳しく見てゆきますが、これまでの邪馬台国論争では、地元にある朱産地に着目して邪馬台国の所在地だと主張する説がいくつか出されています。これは理由のあることであって、邪馬台国を記録した「魏志倭人伝」には、日本列島は朱の産地だという記述があるのです。

本稿で試みようとしていることは、日本列島の朱産地の分布図の上で、邪馬台国とヤマト王権の歴史を考えてみることです。それによって、従来とは違った「日本のはじまり」を描くことができるかもしれないからです。検討の中心は三大産地といえる奈良、伊勢、九州です。

千五百万年まえの超巨大噴火

九州は日本列島を代表する火山地帯ですから、そこに朱の鉱床があるのはわかりやすいことですが、奈良はもとより近畿地方に活火山はありません。奈良に巨大な朱の鉱床を誕生させたのは、千五百万年まえという太古の火山活動なのです。

千五百万年まえ。その時間的距離は、私たちがふつうにイメージできる歴史をはるかに超えています。恐竜はすでに滅び、哺乳類の時代になっていますが、人類の誕生が七百万年まえだとすると、それよりずっと昔です。日本列島の原形となる島が大陸から分離したのが二千万年まえくらいだというので、日本列島の歴史ははじまっており、地質学上の時代区分でいえば第三紀の中新世。途方もなく遠い過去ですが、そのときの火山活動は、奈良県と三重県に朱の大鉱床をもたらし、日本列島に生きた人々とのかかわりが生じることになりました。

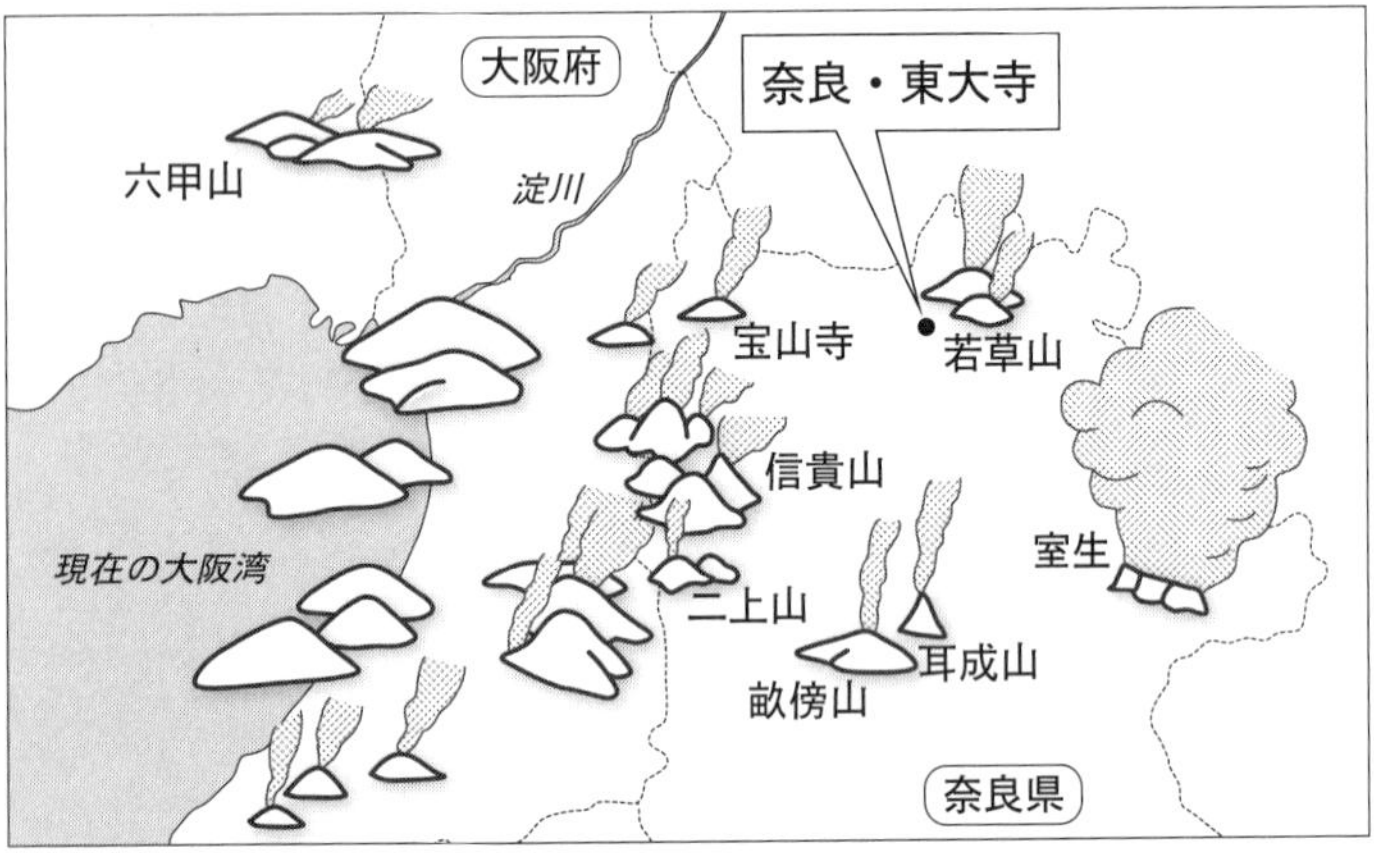

図2　1500万年前、奈良盆地周辺で激しい火山活動があった

注1　地学団体研究会大阪支部『大地のおいたち』掲載図を一部変更。
注2　図の噴煙は溶岩、火砕流の分布を示す。火口の位置は詳細不明。

大和三山のうちのふたつ畝傍《うねび》山《やま》と耳成山《みみなしやま》、庶民信仰の聖地でもある信貴山《しぎさん》、大阪と奈良の府県境にある二上山《にじょうさん》。これらの山々に千五百万年まえの溶岩や火砕流の痕跡がのこっており、そのなかでも最大の痕跡地が、奈良県宇陀市を中心とする東西二八キロ、南北一五キロのエリアに広がる火砕流の堆積物です。日本列島で一万年に一度あるかどうかという「破局的噴火」とよばれる超巨大噴火が想定されています。宇陀市と桜井市の朱の鉱床は、この火砕流エリアの西側一帯です（日本地質学会編『日本地方地質誌5近畿地方』ほか）。

奈良県宇陀市の室生口大野駅から歩いて五分くらいのところに大野寺という古寺が

あるのですが、川を隔てて崖があり、そこに高さ十数メートルくらいの線刻の磨崖仏が見えます。この崖は火砕流のかたまった巨岩で、すさまじい火山噴火を物語っています。このあたりから仏像で有名な室生寺《むろうじ》のある山あい、さらにその奥に太古の火砕流の痕跡がのこっています。

朱の鉱床はどのようにして誕生するのか。なぜ、奈良県に国内最大の朱の鉱床が形成されたのか。本題への導入として、取材をとおして得た基礎知識をメモしておきます。

熱水鉱床に分類される朱の鉱床についていえば、火山活動は不可欠の条件ですが、それに加えて「大地の裂け目」が必要であるそうです。有用な鉱物を溶かし込んだ熱水が、狭い裂け目に入り凝集され、密度が高まれば、鉱床となります。これが熱水鉱床。

「大地の裂け目」の代表格が地震にかかわる活断層ですが、岩にできた小さな裂け目に朱ができているケースもあります。断層の最大のものが、九州から日本列島を東西に横断している中央構造線です。奈良県と三重県の朱産地は、中央構造線およびそこから分岐している亀裂に形成されたと説明されています。

しかし、奈良、伊勢に朱の鉱床をもたらした火山が、どこにあったのかについては、定説がありません。千五百万年という時間のなかで、火山の火口も風化してしまっているのです。

朱の歴史学の先人たち

鉱山の関係者は古代、中世の朱産地を手がかりに鉱床探査をおこなっていますが、歴史学の分野では、朱産地についてのはじめてのまとまった研究は、一九七〇年に刊行された松田壽男氏の『丹生の研究』です。

この本によって、各地にみえる丹生《にう》という地名が古代の朱産地にむすびつくことが認知されました。松田氏の専門は東洋史です。古代中国で朱・水銀が珍重された史実を熟知していたことが、日本列島の朱産地に目を向けた理由であるようです。松田氏は早稲田大学文学部の教授でしたが、同じ時期、矢嶋澄策氏という鉱床学の専門家が早大理工学部で授業をもっていました。矢嶋氏は戦前、東洋一の水銀鉱山といわれた北海道北見市のイトムカ鉱山の発見と稼行にかかわっており、現場をよく知る鉱山師《やまし》です。松田氏が各地の丹生地名の現場から採取した土や石を、矢嶋氏が成分分析するという共同研究の成果が『丹生の研究』に盛り込まれています。

『丹生の研究』は、邪馬台国やヤマト王権の歴史を直接のテーマとはしていませんが、神武天皇の伝説の舞台が奈良の朱産地と重なっていることを述べるくだりで、「この事実が、日本の太古代史に結びつかないとは、誰がいいきれるであろうか」と、重要な問題提起がなされています。『丹生の研究』が発表されたあと、奈良の朱産地が話題にされるときは、近畿説の場合の邪馬台国をふくめて、奈良盆地における古代国家の動向が必須の論点となっています。本稿において依拠しているデータの多くは、『丹生の研究』で提示されているものです。

考古学の分野では市毛勲氏の『朱の考古学』『朱丹の世界』が最もまとまった情報を与えてくれます。邪馬台国についても言及しており、「卑弥呼は辰砂を掌中におさめていた。辰砂は卑弥呼に従う人びとによって献上されたものであろう。（中略）倭・魏いずれの国でも献上品としての価値を十分もっていた」（『朱の考古学』）と、朱が邪馬台国から中国の王朝への献上品のひとつであったとの見解が示されています。

奈良や九州の朱産地のちかくに住む地元研究者からも、邪馬台国、ヤマト王権の歴史を朱の採掘、輸出とむすびつける著書や論文が、いくつか発表されています。奈良県桜井市のペンション経営者、田中八郎氏の『大和誕生と水銀』（二〇〇四年）はその代表作ですが、このあと、各地の朱産地をとりあげるなかで、こうした地元研究者による論考にも触れるつもりです。

近年はネット上にも、朱産地の研究が掲載されています。奈良県在住の元高校教師による「Watson's Page」というウェブサイトの「朱の王国と神武（崇神）の大和侵攻」という記事は、『大和誕生と水銀』と『丹生の研究』の二作を起点として、奈良盆地の古代史を探っています。この二作は本稿にとっても貴重な参考文献ですが、私の出身地が九州であること、直前に火山神話をテーマとする本を執筆したことなどが影響して、九州をふくむより広い「朱の王国」を考えることになりました。

邪馬台国とヤマト王権は朱の採掘と輸出で繁栄した古代国家であったという「はじめに」の冒頭でふれた説は、一九六九年に刊行された『日本における朱の経済的価値とその変遷』という本で述べられているものです。三十二ページのとても薄い本で、学術論文めいたタイトルですが、内容は体験談をふまえた歴史エッセイという趣です。著者の武藤与四郎氏は、邪馬台国を朱の交易国家と想定しており、中国や朝鮮半島を貿易相手として、「僅《わず》か計《ばか》りの数量の朱で、多数の武器や物資と交換取引することが出来るようになった」と述べています。ヤマト王権についても同様に、「建国以来の朝廷が朱のために得た収入は莫大なものであることが推察されよう」と記しています。

五十年ほど前の著作で、アイデアの羅列にとどまっている印象は否めませんが、邪馬台国とヤマト王権を「朱の王国」と見る仮説は魅力的です。同書は、卑弥呼の王宮所在地を朱産地である伊勢としており、「邪馬台国伊勢説」ということになります。学界とも商業出版とも縁のないかたちで発表された著書なので、批判をふくめて論評された形跡は皆無ですが、今回、この本を企画するとき最も影響をうけたのが、『日本における朱の経済的価値とその変遷』でした。著者が朱の鉱床の探査にかかわった経験をもっていることにも興味をひかれます。

武藤氏は独立系の鉱山事業者で、戦前の昭和期に、アルミナを多量にふくむ耐火鉱石の紅柱石を福島県玉川村で発見、採掘しています。戦闘機の製造に必要な鉱石であったようで、「当時の海軍省に度々出入りするようになった」といいます。そこから軍部が主導した朱・水銀の古代鉱床の再開発にかかわることになったそうです。

第二次世界大戦中の日本は、米国、英国をはじめとする連合国の経済封鎖により、鉄、石油をはじめとする資源が輸入できなくなり、採算度外視で国内資源を求めていた時期がありました。朱の鉱石を素材としてつくられる水銀もそのひとつでした。水銀は潜水艦や軍艦の塗装、火薬の起爆剤に欠かせないため、古代、中世の鉱床の再開発が急がれ、武藤氏は三重県多気町の丹生地区で朱の鉱床を調査しています。国内有数の古代朱産地のあったところです。

世界七位の産出国

江戸時代には国内朱産地はもはや枯渇したと見なされ、日本は朱・水銀のほぼ全量を輸入に依存していました。明治以降、近代的な鉱山技術を導入しての再開発がすすめられたほか、戦前の昭和期における北海道での有望な鉱床の発見、さらに軍部による採算度外視の採掘が重なり、第二次世界大戦の時期、国産水銀の世界シェアは四・五％まで増え、国別の生産量でも七位になっています（堀純郎「本邦の水銀鉱床」）。

戦時中の突貫工事がもたらした記録ではあるものの、日本列島には世界有数の朱の鉱床があることを実証することになりました。

松田氏らの研究によって、新しい知見がもたらされましたが、そのあと朱の歴史学にとって逆風となる状況が生じました。水俣病をはじめとして水銀の有害性がクローズアップされ、悪役の印象がつよまった結果、歴史研究や考古学の分野でも水銀やその原料である朱をテーマとすることがはばかられるようになった雰囲気を感じます。とくに個々の朱産地では、農業事業者への遠慮があったという話を耳にしました。

水銀の有害性が強調され、その原料である朱（硫化水銀）にも危険物質のイメージが付きまとうようになります。日本人は千年以上まえから朱塗りのお椀を食器につかっていますが、それで健康被害がでたという話はありませんから、朱そのものの有害性はかぎりなく小さいと聞きます。ただ、朱塗りのお椀を燃焼させると、有害物質が発生するそうです。朱は美しい色をもち、産業のうえでも有用ですが、扱いがやっかいな物質であるのは事実です。

〝見えない鉱山〟を探して

古代の朱産地のうち、奈良、三重、大分、徳島県については、考古学的なデータがある程度そろっているうえ、近現代の採掘をとおして、鉱床の調査がなされていますが、それ以外の推定地では、採掘の現場も特定されていません。本稿がテーマとする古代の朱産地の多くは、採掘の方法はもとより、その場所さえわからなくなっている〝見えない鉱山〟なのです。

この本のための取材で、九州最大の朱産地である大分県に行ったとき、大分地質学会の元会長、野田雅之氏を訪ねて、教えを請いました。地質学のなかでも鉱床学を専門のひとつとしている研究者です。教育現場を離れて久しいものの、九十歳を超えたいまも九州の地質学分野の重鎮として活躍しておられます。

そのとき教えてもらったことのひとつは、朱を主産品として採掘していた鉱山、いわゆる水銀鉱山だけでなく、金の鉱山、マンガンの鉱山にも朱の鉱脈があるということです。この二種類の鉱山のすべてというわけではありませんが、朱をともなう事例が少なからず報告されています。別府金山（大分県別府市）で採取したという十数センチの標本を見せてもらいましたが、輝くような赤味を帯びた朱（硫化水銀）の鉱物でした。

朱の鉱床では稀に、液体状の自然水銀も産出されることが知られています。野田氏はマンガン鉱山を調査しているとき、「大分県津久見市の千怒《ちぬ》マンガン鉱山の坑道で、微量の自然水銀を見たことがある」とも話しておられました。

話をうかがった当初は、ぴんと来ませんでしたが、朱の歴史についての取材をすすめるうちに、次第にわかってきたことがあります。金山、マンガン鉱山は、古代の朱産地という〝見えない鉱山〟を考えるうえで、貴重な手がかりであるということです。

金山、マンガン鉱山と朱

近畿大学理工学部教授、南武志氏は理化学的な手法で、各地の朱産地と発掘調査で得られた朱の遺物との関係を調べている研究者ですが、論文「日本における辰砂鉱山鉱石のイオウ同位体比分析」（ネット上で公開）は、全国百五か所の朱産地について、鉱床の種類が表示されており、朱の歴史をかんがえるうえで有用なデータです。ほとんどは奈良の朱産地と同様、火山活動にともなう熱水鉱床ですが、そのうち、十一か所が金鉱脈と重なる朱産地で、第一章でとりあげる長崎県の波佐見《はさみ》鉱山のほか、岩手、長野、愛知、大分、鹿児島県の金山が列挙されています。こうした地域は古代における「金山の前史としての朱産地」であったはずです。

熱水鉱床以外では、マンガン鉱山に朱がともなう事例が十七か所と目立って多く、このうち、徳島県阿南市の由岐《ゆき》水銀鉱山は明治時代から水銀鉱山として稼行し、国内最大の産出量であった時期もあります。昭和期になると、朱の鉱物が枯渇したため、マンガン鉱山として継続していました（「地質調査所月報」一九五六年六月。ネット上で公開）。

この鉱山の近辺で、弥生時代後期から古墳時代にかけての朱砂の製造遺跡が見つかっています。若杉山遺跡です。一九八〇年代からの発掘調査によって、朱石とともに、それを砕いて砂状にするための石臼、石杵などが多数、出土しており、その一部を徳島県立博物館で見ることができます。近年の調査で、朱石の採掘場所とみられる横穴も発見されています。一メートル未満の高さですが、一四メートルの長さをもつ本格的な坑道です。若杉山遺跡はマンガン鉱山の近くに古代の朱産地があることを確認できる貴重な事例です。縄文、弥生時代をふくめ、考古学的なデータにおいては、三重県と徳島県が突出して豊富なのですが、これはこの地域の研究者が熱心に古代朱産地を探しつづけている結果であって、必ずしも古代における採掘の実績や鉱床の規模とは一致しない、と言われています。

国立科学博物館に長く在籍していた著名な鉱物学者、加藤昭氏が、『日本大百科全書(ニッポニカ)』の「辰砂《しんしゃ》」の項目で、朱の産出する場所を「浅~中熱水鉱床中、緑色岩中、変成層状マンガン鉱床中」と列挙しているとおり、少なからぬマンガン鉱床で朱の鉱物が確認されています。

近現代に稼行していたマンガン鉱山のいくつかで、副産物として朱の鉱物が記録されています。また、マンガン系の鉱物には見た目の面白さがあり、収集の対象になっているのですが、今でもごく稀にマンガン地帯で朱(辰砂)を見るということを近畿地方の鉱物収集家から教えてもらいました。それは鉱床とか鉱脈とはいえない少量の朱のかたまりですが、四国、近畿、関東など、日本列島の各地でそうした目撃事例があります。古代でも最初期の採掘活動は、地表や崖の表面に見える朱を掘りだすことであったようなので、現存するマンガン地帯の少量の朱を、古代の採取活動のあとの、わずかな残滓と見る向きもあります。

マンガンは電池の素材であり、鉄の機能を高める合金の素材としても欠かせない金属鉱物ですが、産業的に利用されだしたのは近代のことです。古代の人たちの朱を探す道が、マンガン地帯に重なっていたとしても、それは結果的にそうなったというだけです。

日本のマンガン鉱床の多くは、海底火山の熱水活動によって、海底でさまざまな反応が生じ、鉱床化したと推定されています。フィリピン海プレート、太平洋プレートが日本列島の下に沈み込むとき、その一部が陸地化されるので、マンガン鉱床もそうした視点から説明されています（飯山敏道『鉱床学概論』）。

考古学では天然の朱のことを「水銀朱」ということが多く、地質学での正式名称は「辰砂」、化学のうえでは「硫化水銀」ですが、本稿では「朱」を用いることにします。朱は自然界においてまさに朱色の石、砂として存在しており、その美しい色によって価値をもっていた時代もテーマとしているからです。明治以降、水銀鉱山という呼称が定着しましたが、そこで採掘されるのはほとんどの場合、液体水銀ではなく、水銀製造の原料である朱の鉱石ですから、正確にいえば朱鉱山です。朱の考古学の第一人者である奥義次氏（三重県在住）からレクチャーをうけたとき、そんな話をうかがい、たしかにその通りだとおもいました。

イントロダクションはこれくらいにして、日本列島に赤々と照り輝く山や川があった遠い時代に旅立つことにします。最初の訪問地は邪馬台国時代の九州です。

第一章　邪馬台国——「朱の王国」のはじまり

朱のジパング

中国の正史『三国志』所収のいわゆる「魏志倭人伝」は、邪馬台国についての最初の記録で、ほぼ同時代の三世紀後半に書かれたといわれています。そのころ、日本列島にまとまった朱産地があることが大陸の文明国によって〝発見〟され、東アジア世界の交易システムに組み込まれた形跡があります。朱の歴史をかんがえるうえで「魏志倭人伝」が重要であるのは、日本列島の朱産地を記録した最初の文献でもあるからです。

「魏志倭人伝」は漢字文化圏にはじめて日本列島のまとまった情報を伝えたものですが、それから千年後に書かれたのがマルコ・ポーロの『東方見聞録』。ご存知のとおり、黄金の島ジパング伝説の発信源です。「魏志倭人伝」について考察するまえに、まず、『東方見聞録』のもたらした影響を見ておきましょう。

島では金が見つかるので、彼らは限りなく金を所有している。しかし大陸からあまりに離れているので、この島に向かう商人はほとんどおらず、そのため法外の量の金で溢れている。(『マルコ・ポーロ　東方見聞録』)

金や銀の鉱床が形成される要因にはいくつかありますが、日本列島とくに九州には、火山活動に由来する熱水鉱床でできた金山がたくさんあります。江戸時代以降の国産の金の採掘量を累計すると、その半分に近い量を九州が占めています（日本地質学会編『日本地方地質誌8九州・沖縄地方』）。

『東方見聞録』はかなりの誇張をふくんでいるものの、火山列島日本の特徴を伝えています。九州は奈良、伊勢と並ぶ朱産地ですが、その多くは金の鉱床と重なっています。黄金の島ジパングと朱産地としての日本列島は、同じコインの裏表という関係にあります。『東方見聞録』によって黄金の島ジパングの話は拡散し、大航海時代の呼び水になったともいわれます。現実の歴史において、日本列島の金山、銀山の最盛期は、豊臣秀吉、徳川家康が天下人であったころで、大坂城をはじめとする城郭の巨大さと絢爛豪華な内装には、ヨーロッパから来た宣教師たちも驚愕しています。黄金の瓦、黄金の茶室。豊臣秀吉の時代の日本には、バブル的な景気の躍動するさまがうかがえます。

日本列島は火山に由来する多彩で貴重な鉱物資源に恵まれていましたが、狭い島国であるため、その埋蔵量には限りがあります。金、銀は江戸時代の早いころにピークを過ぎ、輸出品の柱は銅に交替します。幕末期には銅も枯渇の色を濃くしており、そのあたりにも徳川幕府の経済的な行き詰まりをみることができます。「鎖国」にはもちろんキリスト教の問題をはじめ政治的な背景があるのでしょうが、ヨーロッパの商人の視点に立てば、金も銀も枯渇した日本に、荒波の危険をおかしてまで行く価値を見いだせなくなったという面もあるはずです。

話を朱の歴史に戻してみましょう。『東方見聞録』によって黄金の島ジパングをめざした航海者がいたように、「魏志倭人伝」の情報に刺激をうけて、日本列島をめざす人たちがいたのではないか。そんな連想に導かれるほど、邪馬台国の記録は朱という鉱物によって彩られています。

「魏志倭人伝」は、日本列島に産する朱（硫化水銀）を「丹」であらわしています。この文字には赤い色という意味もありますが、その成り立ちは、「土中に掘った井型のわくの中から、あかい丹砂があらわれ出るさまを示すもの」（漢和辞典『漢字源』）と理解されています。

「丹」の文字は「丹生」の地名としてのこっており、丹生神社、丹生川も各地にみることができます。丹生はふつう「にう」と読まれますが、丹の中国語での発音は「タン／ダン」に類するものなので、「にう」は朱産地を意味する古くからの日本語だとかんがえられています。「丹」（朱）には薬としての価値がありますが、薬を指す言葉として定着しており、万金丹《まんきんたん》、仁丹などの薬品名にその実例を見ることができます。

ボディペインティングと入れ墨

三世紀初頭、中国全土を支配していた後漢が滅び、魏、呉、蜀の三国が分立する時代となりました。「魏志倭人伝」によると、景初二年（二三八年）〈景初三年とする文献もあり〉、卑弥呼が朝鮮半島にある魏の出先機関に使者を派遣しています。記録のうえでは、日本列島を代表する政権による公式外交のはじまりです。それは江戸時代の長い鎖国的状況のあとの「開国」と似たところがあるのではないでしょうか。

幕末の開国後の日本には、外交官、商人とともに、地質学者や植物学者が来訪しています。文明国が未知の国とかかわるとき、そこにどのような資源があるかを把握することはその最初のステップだからです。開国直後の日本を訪れた自然科学者によって、学術的には貴重な発見があったようですが、ジパング伝説で有名な黄金はあらかた掘りつくされており、希少な宝石類も発見されませんでした。当時の日本列島は資源という面では魅力がなくなっていたため、欧米列強の領土的な野心の対象とされなかったという説もあるくらいです（竹村公太郎『日本史の謎は「地形」で解ける：文明・文化篇』）。

「魏志倭人伝」には当時の政治、外交、倭人の社会風俗に加え、日本列島の鉱物資源、植物、動物の棲息状況が報告されており、欧米の自然科学者に似た鋭い視線を感じます。鉱物資源のうち、最も多く話題にされているのが朱（丹）です。最初の言及は、「朱丹を以てその身体に塗る（以朱丹塗其身體）」（漢文の読み下しは岩波文庫版による。以下同様）という一文。当時の日本列島の住民は朱によるボディペインティングを体あるいは顔にほどこしていたというのです。まるで歌舞伎役者の隈取りです。

身分の高い人も低い人も、「文身」すなわち入れ墨をほどこしており、地域により入れ墨の位置や模様がちがっていたとも報告されています。それは朱色まじりの鮮烈な入れ墨であったかもしれません。

その山には丹あり

「真珠・青玉を出だす。その山には丹あり（出真珠青玉其山有丹）」――。「魏志倭人伝」は日本列島に産する鉱物、宝石類について、このように記述しています。丹つまり朱を産する山のある場所は明示されていませんが、文脈のうえでは、倭国全体の地理風土を述べるくだりなので、日本列島の複数か所に朱産地があるようにも読めます。

「青玉」は縄文時代から交易品となっている翡翠《ひすい》とする説が知られています。そこで問題となるのが「真珠」です。真珠《パール》とするのが以前は通説だったようですが、唐の時代の医薬書「石薬爾雅《せきやくじが》」には、「丹砂」すなわち朱の別名として「真珠」があげられています。「珠」の文字の部首をみても、朱と玉ですから、本来は朱色のきれいな石のことであり、「魏志倭人伝」のなかの「真珠」を、混じりっけのない宝石のような朱石と解釈する論者もいます。

鋭角的な結晶をなす宝石状の朱石は日本には少なく、中国内陸部で多く産出されるので、逆に日本に持ち込まれ、古墳で発見されている事例があります。「魏志倭人伝」に書かれている魏から邪馬台国への贈答品リストにも「真珠」があるので、それにあてる説もあります。

奈良時代、東大寺の大仏に鍍金《めっき》するための黄金を求めているとき、東北地方で金が見つかったという記述が「続日本紀」にあり、これが日本列島における金の発見とされていますが、朝廷の関与しない小規模の砂金採取はそれ以前からあったはずです。しかし、「魏志倭人伝」に金の産出についての記述はいっさいありません。倭人たちの暮らしにも金の気配は見えません。

矢尻につかう武器としての鉄（「鉄鏃《てつぞく》」）については書かれていますが、鉱物資源としての鉄、銅については言及されていません。「倭人伝」を収める『三国志』の「韓伝」では、朝鮮半島南部の弁辰《べんしん》では鉄を産し、倭の人たちもこれを求めていると書かれています。『三国志』で、朝鮮半島とその周辺の国々の鉱物資源をみると、弁辰の鉄以外では、夫余《ふよ》という国の「赤玉」「美珠」、濊《わい》という国の「珠玉」があげられており、朝鮮半島の馬韓についてはわざわざ、「珍しい宝はない」と記されています。このように、それぞれの国について「宝」である鉱物資源を紹介することが、文章上の形式となっており、これは本来の読み手である中国の政権関係者の関心に沿った記述だとおもわれます。それが、日本については、丹（朱）、青玉、真珠なのです。『三国志』は執筆からまもない三世紀末ごろから、手書きの写本として一部で出回っていたそうですが、ビジネスチャンスを探そうという下心をもって、「魏志倭人伝」を読む人がいたとしたら、得られる情報はそこにあったはずです。

松浦地方の自然水銀鉱山

先ほど地図（P16～P17）で示したとおり、日本列島の朱産地の分布は、四つの鉱床群として把握されているのですが、第一章では、九州西部鉱床群（長崎県、佐賀県）に焦点をあわせます。このエリアは、「魏志倭人伝」で重要な舞台となっている伊都国《いとこく》（以下、「魏志倭人伝」に登場する国の表記、読みは講談社学術文庫『倭国伝』にもとづく）と接し、魏の訪問者が上陸したポイントである末盧国《まつらこく》と重なっているからです。中国や朝鮮半島と向き合う、当時の日本の表玄関です。

「魏志倭人伝」によると、当時の日本（倭）には女王卑弥呼の邪馬台国を中心とする連合国家があったようで、従属する三十くらいの地域国家の名前がみえます。魏の訪問者は対馬《つしま》、壱岐《いき》を経て、末盧国に上陸、次いで伊都国に入っています。福岡県には怡土《いと》郡という古代からの地名があり、おおむね現在の糸島市に継承されているので、伊都国がその地域であるとみなされています。

末盧国は今日の松浦という地名にむすびつき、その中心は現在の佐賀県唐津市（旧東松浦郡）あたりとされていますが、松浦はおそろしく広域の地名なので、末盧国のエリアは案外やっかいな問題です。私は小学生のころ長崎市で暮らしており、四年生のとき、『わたしたちの長崎県』という副教材をつかって郷土の歴史を学びました。小学生の頭脳を混乱させたのは、佐賀県にも長崎県にも、松浦のつく郡や市の名称があり、五島列島にまで南松浦郡があることです。地図でいえば、五島から平戸島、ハウステンボスのある佐世保市を経て佐賀県唐津市に至るエリア、そのすべてが松浦なのです。本稿のテーマにこれが関係するのは、これから申し上げる佐世保市のほか、五島列島、平戸島にも朱の鉱床があるからです（堀純郎「本邦の水銀鉱床」）。

一九七六年に刊行された『真説邪馬台国』（恋塚春雄）という本があります。「邪馬台国は長崎県佐世保市にあった」という結論をとらえて、近年は奇説、珍説としてしか話題にされないようですが、岩波文庫版の「魏志倭人伝」では参考文献にあげられており、記述内容はまじめなものです。「邪馬台国佐世保説」の根拠は、日本では珍しい、液体水銀（自然水銀）を主産品とする鉱山があったこと。朱と水銀の輸出が邪馬台国の基幹産業であり、最も貴重な自然水銀の採れる佐世保市はその首都にふさわしい――。著者の恋塚氏はそう主張しています。

「はじめに」でとりあげた武藤与四郎氏は「邪馬台国伊勢説」ですが、恋塚氏と同じく、朱の輸出によって繁栄した邪馬台国を想定しています。少数ではありますが、邪馬台国を

「朱の王国」とする議論は以前からあったのです。

佐世保市の朱・水銀産地としての起源は不明ですが、江戸時代には、平戸の松浦藩によって採掘されています。恋塚氏の先祖が松浦藩の水銀事業にかかわっており、関連する古文書を所有していました。江戸時代から閉山と再開発がくりかえされており、明治時代にも外国人技術者を招いて試掘されていますが、本格稼行には至っていません。

この水銀鉱山の跡は、陸上自衛隊相浦《あいのうら》駐屯地（佐世保市）の敷地内の小丘にあるという記録があります。同駐屯地に依頼して調べてもらったのですが、敷地内にそれらしい丘はあるものの、雑木、雑草に覆われて正確な位置は不明との回答でした。

火山列島の輸出品

卑弥呼による最初の朝貢から五年後の正始四年（二四三年）、再び魏へ使者が派遣され、倭国から「生口倭錦絳青縑緜衣帛布丹木猾短弓矢」が献上されたと記されています。生口《せいこう》（奴隷）以下の献上品が羅列されていますが、ここに見える「丹」を朱の鉱物とする説があります。もしそうであれば、朱の輸出の最初の記録です。ただ、「丹」を形容詞的に赤色と解釈すると別の意味をもつので、確定的なことは言えないようです。

邪馬台国時代から奈良時代にかけては貿易に関する資料がほとんどありませんが、平安時代から鎌倉時代にかけての日宋貿易における交易品について、経済史学者の中西聡氏はこう説明しています。

> 日本からの主な輸出品は、金・銀・硫黄・水銀などの鉱産物や木材で、日本への主な輸入品は、陶磁器・銅銭が多く、ほかに香料・薬種・唐織物・書籍・経典などであった。(『日本経済の歴史：列島経済史入門』)

日本列島の起源は、二千万年まえごろアジア大陸の海寄りにあった火山地帯がちぎれた島とみなすことができます。その結果として、中国の沿海部、朝鮮半島は火山の少ないエリアとなっており、火山活動に由来する金、銀、硫黄、朱、水銀などの鉱物資源は輸出品としての価値をもっていました。もっと古い時代にさかのぼれば、縄文時代から日本列島の黒曜石が朝鮮半島などへ運びだされています。黒曜石は鋭利な打製石器をつくるのに最良の素材ですが、火山の溶岩の一種なので日本列島の各地に産地があります。「松浦富士」の異名をもつ腰岳《こしだけ》（佐賀県伊万里市）は全国でも有数の黒曜石の産地ですが、ここは邪馬台国時代でいえば末盧国のエリアかもしれません。

朝鮮半島から対馬、壱岐を経て松浦地方に至るルートは、「魏志倭人伝」よりもはるかに古い縄文時代から人が行き来する交易の道でした。日本列島のなかでもとくに火山の多い九州からは黒曜石、金、硫黄などが輸出されており、同じ火山活動の産物である朱を輸出品のリストにふくめることはまったく自然なことです。

丹生地名の証言——波佐見町・嬉野市エリア

長崎県波佐見《はさみ》町にあった波佐見鉱山は明治時代に発見され、政府系の資金が投入されて大規模に開発された金山です。金とともに朱の鉱脈があって、水銀の原料として採掘されていました。九州西部鉱床群を代表する朱産地です。

閉山後の鉱山を、現在は町役場が管理しており、撮影目的で見学させてもらいました。坑道は高さ三メートルくらいの横穴で、石英質の灰色がかった部分が目立つ火山岩にところどころ赤味があるのを確認できました。素人の目には、酸化鉄の赤なのか、朱（硫化水銀）なのかは判然としないのですが、案内してくれた波佐見町教育委員会の学芸員、中野雄二氏は、「このあたりで、朱が採れることは古くから知られていたようで、波佐見の隣町の川棚町には江戸時代の古文書ものこっています」といって資料を渡してくれました。江戸初期の延宝年間から朱土を掘って販売しており、元禄年間には大阪の商人が訪れた記録もあります（『大村郷村記』第二十　川棚村）。

波佐見町と県境をはさんで隣接する佐賀県嬉野《うれしの》市の塩田川にそって七か所の丹生神社があり、大きな川ではありませんが、丹生川もあります。各地にみえる丹生川は、川底に沈澱した朱砂を採取するところであったともいわれています。松田壽男氏の調査によると、丹生の地名は嬉野市をふくめて全国で四十か所以上あります。周辺の地質や史料、伝承などによって、丹生地名の多くが古代の朱産地であるとみられています。

この地域に朱をもたらしたのは、嬉野市と川棚町にまたがる虚空蔵山《こくうぞうさん》（六〇八メートル）での二千万年まえの火山活動です。この山は風化がすすみ、ソフトクリームの先のような鋭角的な山容となっています。流紋岩が火山の熱によって変質し砕けやすくなったものが、硬質のやきもの（磁器）の原料となる陶石で、「波佐見焼」と呼ばれるやきものの産地が形成されています。日用食器が中心ですが、近年は無印良品とのコラボ製品が話題になったり、カフェ風のしゃれた展示スペースのある工場ができたり、現代的なセンスをとりいれて産地の活性化をはかっています。

ところで、朱（硫化水銀）にはさまざまな呼称があり、平安時代に編纂された日本最古の医学用語辞典『本草和名《ほんぞうわみょう》』は、「丹砂」を見出し語として掲げ、同意語として、真朱《しんしゅ》、巴砂、越砂などをあげています。地質学上の正式名称である辰砂《しんしゃ》の辰は中国の有名な産地名であり、朱をあらわす英語cinnabar（シナバル）の語源という説もあります。「巴砂」の巴も中国の四川省にある産地名です。巴砂は日本語では「はさ」とか「はしゃ」と発音されるので、波佐見という地名の語源は巴砂にあるとも考えられます。

邪馬台国が長崎県にあったという説は、昭和期の邪馬台国ブームの火付け役のひとりで、地元鉄道会社の重役だった宮崎康平氏の『まぼろしの邪馬台国』（一九六七年）でも展開されています。昨今の邪馬台国論争ではあまり話題にならないようですが、長崎県は波佐見鉱山のほか数か所の金山があったことに加え、マンガン鉱床もあります。古代朱産地としての条件をそなえているのです。長崎県に卑弥呼の王宮があったという主張は難しいとしても、卑弥呼を盟主とする連合国家が「朱の王国」であったとしたら、長崎県エリアの地域国家はその重要な構成メンバーであったはずです。

倭国の副都の朱い墓

「魏志倭人伝」によると、対馬、壱岐を経て末盧国に上陸した魏の訪問者は、徒歩によって伊都国に到着しました。伊都国には代々の王がいたが、当時は卑弥呼のいる「女王国」に従属していたこと、「一大率」という名称の役所があって、邪馬台国傘下の諸国を「検察」していたこと、魏の使者が拠点とする場所であったことなどが記されています。伊都国は、連合国家の倭国において邪馬台国に次ぐナンバー2の都市国家で、外交や交易の拠点であったことが定説として認められています。

一九六五年、福岡県糸島市のミカン畑で作業をしていた人が、土のなかから銅鏡をみつけたことが発端となり、弥生時代の墳墓である平原《ひらばる》遺跡一号墳、通称「平原王墓」が発見されました。発掘の責任者となった原田大六氏は発見直後の現場のようすを、「その附近一帯は、棺内にあったものと思われる朱（硫化水銀）で色づいている」と証言しています。古代の伊都国にあたる糸島市で、弥生時代の「朱の墓」が発見されたのです（『実在した神話：発掘された「平原弥生古墳」』）。

墓は一四×一二メートルの四角形に土盛りしたもので、のちの時代の古墳に比べると小規模ですが、弥生時代では最多の四十枚もの銅鏡が出土し、そのなかには直径四六センチという日本最大の銅鏡五枚がふくまれています。これらの出土品は国宝に指定されており、糸島市立伊都国歴史博物館で見ることができます。弥生時代において、伊都国が桁外れの財力をもっていたことを誇示するような〝豪華すぎる副葬品〟です。「平原王墓」は副葬品から埋葬者は女性とみられており、吉野ヶ里遺跡調査の中心メンバーだった考古学者の高島忠平氏をはじめ、卑弥呼の墓である可能性を指摘する論者がいます。いまは公園となっている「平原王墓」のほかにも、糸島市内の主要な墳墓から、数十枚の銅鏡とともに、朱によって彩られていた棺や朱をみたした壺が出土しています。土器の壺に詰められた朱砂は、財産価値をもつこの鉱物の保管方法、輸送方法をうかがわせるものです。

伝説の考古学者

現在、考古学調査は県や市町村の担当部門によってなされるのが一般的ですが、平原遺跡の調査がはじまった一九六〇年代、地方の市町村にそうした体制が整っておらず、責任者となった原田大六氏は地元に住む民間人でした。九州大学の教授に指導をうけながらも、ほぼ独学で考古学の知識と技術を深め、弥生時代の研究では全国に知られた存在でした。文筆の才があり、地元九州を中心として作家的な人気もあったそうです。

原田氏の出身校である糸島高校では、終戦直後から歴史部というクラブ活動がはじまり、原田氏の研究にもかかわりながら、教師や生徒が発掘を手がけていました。その出土品の数々が高校の博物館に保存、展示されています。私がこの博物館を訪れたのは、朱に関係する考古資料について糸島市立の歴史博物館に問い合わせたところ、それなら糸島高校に行ったほうがいいと助言されたからです。

顧問の神野晋作教諭の案内で、見学させてもらいました。展示物のひとつに糸島市内の泊熊野《とまりくまの》遺跡から出土した甕棺《かめかん》（土器づくりの棺）があるのですが、その内部は朱の粉で真っ赤に色づいています。大量の朱砂が入っていたそうです。

大根のような形の石杵と石臼が展示されているのですが、石杵の先端はうっすらと赤味を帯びています。神野教諭は「朱石を磨りつぶす作業につかわれた道具ではないかと考えられている」と説明してくれました。このほかにも、朱によって彩色された銅鏡や土器、古墳内部にあった朱砂などが展示されており、伊都国に朱が充満していたようすがうかがえます。博物館は校舎内ですが、電話予約をすれば、誰でも見学できるそうです。この地に生まれ育った在野の考古学者と高校の教師、生徒たちによって、みごとな考古学博物館がつくられ、維持されています。そうした博物館の歴史そのものに胸を打たれます。本稿の取材のため、九州各地を歩きましたが、朱にかんする遺物を最も多く見ることができたのは糸島高校の博物館でした。この事実は、伊都国が朱の歴史にふかく関与していたことと無関係ではないはずです。

朱の文化の発信地

明治以降、近代的な考古学の調査がなされるようになったあと、弥生時代や古墳時代の墓が朱によって彩色されている事例が全国各地から報告されるようになりました。日本古代の一時期を特徴づける「朱の墓」です。先に申し上げたとおり、江戸時代の日本は朱の輸入国になっており、主に中国産の朱・水銀が、唯一の貿易港だった長崎を経由して消費地に運ばれていたので、古代の墓に見える朱についても、当初はその大半が中国産であると考えられていたようです。

その後、日本列島の古代朱産地の研究がすすんだほか、理化学的な分析による産地特定の研究によって、国産と中国産の判別がある程度できるようになった結果、「今日では古墳出土辰砂の大部分は国産という評価を得ている」と、朱の考古学の第一人者、市毛勲氏は『朱丹の世界』で述べています。

「朱の墓」が流行現象のように全国各地にひろがるのは古墳時代のことですが、弥生時代にも数は少ないものの、九州北部や日本海エリアにその実例が報告されています。注目すべきは、理化学的な分析によって、弥生時代の「朱の墓」の多くに中国産の朱がつかわれていると判定されていることです。それが「古墳時代前期(3世紀後半以降)になると日本産朱の使用に画一化される」(南武志ほか「硫黄同位体分析による西日本日本海沿岸の弥生時代後期から古墳時代の墳墓における朱の産地同定の試み」、ネット上で公開)というのです。

邪馬台国(二世紀から三世紀)は弥生時代末期と古墳時代初頭の境界に位置しているので、歴史年表に理化学的な分析データを重ねると、朱の国産化の動向と邪馬台国の勃興が時間的に一致しているように見えます。邪馬台国は朱の輸出によって繁栄した「朱の王国」であったという仮説を検証しようとしている本稿にとって、看過できないデータです。さらに興味ぶかいのは、弥生時代にも「朱の墓」がつくられた九州、日本海側のうちでも、伊都国エリアは、「他地域に先行」(岡部裕俊ほか『福岡県立糸島高等学校郷土博物館　公式ガイドブック』)していたことが、考古学的に確認されていることです。伊都国は「朱の文化の発信地」であった可能性があるのです。

朱(硫化水銀=水銀と硫黄の化合物)の遺物の産地同定において、水銀は産地による違いがないので、硫黄の原子レベルでの差異に着目して産地を特定しようとしています。黒曜石の産地同定は一九六〇年代以降、世界各国で実施されており、調査手法がほぼ確立されていますが、朱については一九九〇年代後半、先に紹介した南教授らを中心として日本ではじまった研究で、朱産地にかんする科学的なアプローチとして期待されています。

糸島市は朱の交易都市か

発掘調査によって次第に明らかになってきた伊都国の突出した繁栄は、邪馬台国近畿説の論者にとっても無視しがたいものになっており、奈良の邪馬台国が有力化するまで、九州の伊都国が日本列島を対外的に代表していたという説も出されています。奈良県を拠点とする著名な考古学者の寺沢薫氏は、邪馬台国の時代の直前の二世紀、中国の後漢王朝の権威を後ろ盾として、「イト国はついに倭国の盟主にまで登りつめたのである」と述べています（『王権誕生』）。

糸島市は博多から電車で四十分程度のところです。ベッドタウン化が進むとともに、海辺にはおしゃれなカフェや店舗が増えて、「九州の湘南」ともいわれる話題のエリアになっていますが、佐賀との県境をなす脊振山系《せふりさんけい》の山々がつくる壁に押し込められたような地勢であるともいえます。現在はもとより、長い歴史をみても、九州北部の中心は福岡市を中心とする平野部であり、港湾機能においても明らかにそちらが優位。なぜ、邪馬台国時代前後の糸島市エリアは、日本列島でトップクラスの地域国家だったのでしょうか。

伊都国の繁栄をかんがえるうえで、もうひとつの問題は人口規模です。「魏志倭人伝」は、伊都国のあと、奴国《なこく》、不弥国《ふみこく》、投馬国《つまこく》、邪馬台国について記述しているのですが、各国の人口（世帯数）について、末盧国《まつらこく》四千余戸、奴国二万余戸、不弥国千余家、投馬国五万余戸、邪馬台国七万余戸としています。伊都国の人口は千余戸と他国に比べてあまりにも少ないため、伊都国についての他の中国語文献をもちだして、「千」は「万」の誤りであるとする説がありますが、現代の研究者が数字を改変していいのかという問題はのこります。「魏志倭人伝」の記述を信じるかぎり、邪馬台国連合のなかでは、最小レベルの地域国家である伊都国が、弥生時代の終わりころから抜きんでた存在感を示しているのです。

人口の多さに依存しない豊かさは、伊都国が農業や軍事力に基盤をもつ国家ではなく、効率の良いビジネス国家であるということを連想させます。今日でいえば、香港、シンガポールのような金融都市、貿易立国のイメージです。

伊都国に繁栄をもたらした「なりわい」とは、何だったのでしょうか。朱の歴史からみると、九州西部鉱床群に接する地理的条件が無視できなくなります。邪馬台国は「朱の王国」であったという仮説の延長線上にあるアイデアではありますが、伊都国が「朱の輸出拠点」であったとすれば、とてつもない経済力を説明できるからです。

「朱の再発見」というシナリオ

先に述べたとおり、理化学的な分析をもとに、弥生時代の日本は中国産の朱を輸入していたという学説が提示されています。一方、日本国内には豊かな朱の鉱床があり、縄文時代から赤色塗料として利用されていました。古代の朱はきわめて高価であったはずなのに、なぜ、弥生時代の人たちは、中国から朱を輸入していたのかという疑問が生じます。

ここで手がかりとなるのは、日中の朱石の形状の違いです。湖南省、貴州省など中国内陸部で採掘される朱石は、四角い平面で構成される鋭角的な結晶で、宝石のような光沢があります。エンジ色に近い赤ですが、ルビーのような色も見えます。鉱物としては混じりっけのない朱（硫化水銀）の結晶です。火山活動にともなう熱水鉱床ではなく、別の要因によって形成されたとみられており、世界各地の朱産地のなかでは珍しい形態です。

宝石状の朱の鉱石は、九州、奈良、伊勢の鉱床では採れないものですが、糸島市をはじめ九州北部の遺跡で、このタイプの朱石がいくつか見つかっているのです。こうしたデータをふまえて、考古学の方面からも、中国からの朱の輸入が推定されています。

国内産地の朱石は、火成岩や石灰岩などほかの岩石に朱が染み渡っているものが大半で、オレンジ色から茶褐色をしています。国産の朱石はどこから見ても石であり、宝石めいた輝きはまったくありません。予備知識をもたず中国の朱と日本の朱の鉱物を比べると、別の石にしか見えないはずです。だから、日本列島の住人はある時期まで、中国の朱と日本の朱が、化学的な組成において同一の鉱物（硫化水銀）であることを知らなかったのではないか――という想定は可能です。そうでなければ、対価を支払って、輸入する理由はないからで、現実の歴史においても、あっという間に国産化がすすみます。パソコンかスマホで、「辰砂」をキーワードに画像検索をしていただければ、一目瞭然。宝石に見えるものが中国産です。

国内の朱にも中国産と同様の薬品としての利用価値があり、水銀に変換することもできる。そのことに気づいたとき、日本列島は〝朱のジパング〟に変貌したのではないでしょうか。日本列島の朱を「再発見」した人は伊都国の住人で、近隣の佐賀、長崎県の朱産地はもとより、大分、鹿児島県エリアにも鉱床の探査に赴いた。そして九州各地で採掘した朱を輸出しはじめた——。そのような「朱の王国」の夜明けを、この章では描こうとしています。状況証拠をパズルのように組み合わせたシナリオではあるのですが、理化学的研究と考古学の双方で指摘されている、弥生時代から古墳時代にかけて起きた朱の国産化の動きを、朱の山の再発見、そして「朱の王国」としての邪馬台国の勃興の歴史として読み解こうとしています。

ビジネスチャンスの発生

貿易、交易という経済活動はひとつの地域と別の地域の間での交換行為ですから、本来は需要と供給が一致するギブアンドテイクの関係でなければ成立しないものです。伊都国、邪馬台国と中国との関係については、小国が大国に承認と保護をもとめる政治的な関係として理解されがちですが、「魏志倭人伝」などの中国の史書に記録されていなくても、民間レベルの往来は当然ながらあったはず。そうした商業的な交易関係を重視する論者もいます（平野邦雄『邪馬台国の原像』ほか）。

この時期の中国側に日本との交易をもとめるモチベーションがあったとすれば、朱・水銀はその最有力候補です。不老長寿をねがう仙薬づくりの流行により、朱・水銀の需要が生じていたことは明らかであるからです。

不老長寿のメソッドを柱とする神仙思想は道教とむすびつき、中国の精神文化においてひとつの潮流をつくっていますが、漢が滅亡し、魏呉蜀の三国時代となったころ、日本でいえば邪馬台国の時代にひとつの画期があるというのです。


漢代までの長生術では、不死の仙薬を遠い仙人のすむ東海の仙島に求めたのに対して、この時代の人々は、それをみずからの手で作りだそうとしたのである。(金文京『中国の歴史④三国志の世界』)

不老長寿の効能をかかげる仙薬をつくるとき、最も重要な素材として珍重されたのが朱・水銀でした。邪馬台国の時代よりほんの少しあとですが、四世紀の中国で書かれた神秘医学にかかわる書物『抱朴子《ほうぼくし》』の「仙薬」の章では、材料の第一位に朱砂があげられています。

邪馬台国が国交をもった魏は、中国でも北方を領有していましたが、中国の朱の鉱床は南方の内陸部なので、日本列島に朱を求める動機があったともかんがえられます。東洋史が専門の松田氏が述べているように、中国の朱産地は現在でこそ中華人民共和国の域内ですが、平野部の農耕民である漢民族とは異なる人たちの住むエリアであり、入手しづらい鉱物であったようです。

『史記』に書かれた始皇帝と徐福の逸話をはじめ、中国の神仙思想では、東の海の彼方に、不老不死の秘薬を有する島があるという伝説がクローズアップされているので、日本列島は神秘的な魅力をたたえた島に見えていたのかもしれません。日本列島の住人からすると、思いもよらぬ形でビジネスチャンスが出現したということになりますが、大陸、朝鮮半島の居住者が、一攫千金を夢みて日本列島に渡ったケースもあったのではないでしょうか。本稿では伊都国について、そうした歴史を想定してみました。

これも伝説めいた情報ですが、アメノヒボコという新羅《しらぎ》国の王子を称する謎めいた人物が古代史に登場し、各地を転々としたあと、兵庫県域に居住しています。古事記では神功《じんぐう》皇后の母方の先祖とされています。アメノヒボコは朝鮮半島に住んでいたとき、手に入れた「赤玉」を自宅に置いていたところ、不思議なことに、その赤玉が美しい女性に変じるのです。その女性を正妻にしたものの、女性は「自分の先祖の国に行く」といって日本に向かったので、アメノヒボコも妻を追って来日した――と古事記にしるされています。

「赤玉」を日本産の朱石と解釈すれば、日本列島の朱を求めて移住した渡来人の記録として読むことも可能です。

この章のテーマにおいて注目すべきは、「筑前国風土記逸文」によると、怡土県主《いとのあがたぬし》（ヤマト王権時代の伊都国の領主）には、アメノヒボコの子孫だという伝承があることです。これが史実であれば、伊都国王族は、朱の鉱床を目指して海を渡った人たちの子孫である可能性も生じます。

丹生氏のルーツは伊都国か

本稿では伊都国の住民が九州各地で朱の鉱床を採掘し、輸出しはじめたというシナリオを想定して、「朱の王国」としての邪馬台国のはじまりを検討しているところです。これまで申し上げた理化学的な研究、考古学の研究からの報告に加えて、伝承めいた話ではあるのですが、古代朱産地をしめすとされる「丹生」と伊都国のつながりを確信させる注目すべき情報があります。

ここでとりあげるのは『丹生神社と丹生氏の研究』（一九七七年）という本です。古代において朱の探査、採掘にかかわった人たちは丹生《にう》氏を称し、全国各地にその子孫がいて、現代日本にもこの名字はのこっていますが、この本の著者である丹生廣良氏は、丹生都比売《にうつひめ》神社（和歌山県伊都《いと》郡かつらぎ町）の宮司をなさっていた方です。朱の女神、丹生津姫《にうつひめ》を祀る各地の丹生神社の総本宮ともいえる神社ですが、丹生廣良氏は驚くべきことを書いています。

伊都国王の後（引用者注：子孫のこと）は白柳秀湖氏も指摘せられたごとく、主流は畿内へ東遷して紀伊の丹生氏となり、その一部隊はそのまま九州に留まり、（中略）更には彼の大分県の「丹生郷」の地に進出して、九州における丹生氏族の第二の根拠地をなしたことであったろう。

丹生一族のルーツは伊都国の王族であり、邪馬台国が消滅したあと、各地の朱産地に進出したというのです。もしこれが史実であれば、伊都国を治めていたのは「朱の王族」であり、邪馬台国連合を朱の輸出機構と想定する本稿にとって有力な証言です。古代の日本列島において、朱産地の開発を主導したのは伊都国の関係者であり、各地の地名や人名にのこる「丹生」の淵源をたどると、邪馬台国連合の副都、伊都国に至るという話になります。残念なことにどのような根拠によってこう書かれたのかは、著書を読んでも不明です。一族の伝承でもあるのでしょうか。すでに故人であり、確認することもできなくなってしまいました。

丹生都比売《にうつひめ》神社の鎮座する和歌山県伊都《いと》郡には、真言宗の開祖、空海が拠点とした高野山もあり、朱色に輝く壇上伽藍そばの御社《みやしろ》をはじめ各所に丹生明神が祀られています。全国各地の丹生神社が衰退したあとも、真言密教系の寺院では丹生津姫の信仰が継承されています。空海が伝えた真言密教は神秘的な医学、化学の要素をふくみ、朱・水銀とのかかわりが深いという議論はかねてよりあって、密教文化の研究者、佐藤任氏の『空海と錬金術』で詳述されています。

『丹生の研究』では、廃絶した神社もふくめ全国に百五十九の丹生神社があることが述べられていますが、最も多いのは和歌山県の七十八社で、以下、埼玉県に二十二社、奈良県に九社。埼玉県の意外な多さについてはあとの章で検討します。和歌山県には、奈良や伊勢のような大きな朱産地がないので、丹生神社の多さは丹生都比売神社や高野山の信仰にともなうものと説明されることが多いようです。しかし、鉱物の研究グループの調査によって、このエリアの河川の川底には朱砂があることが、多数のポイントで確認されており、古代朱産地としての可能性は否定しがたいものがあります（松本晴仁ほか「高野山と丹生都比売神社周辺の辰砂の分布」）。

蛇足めいた附言ですが、かつて東洋一の水銀鉱山といわれた北海道のイトムカ鉱山、「魏志倭人伝」の伊都国、丹生都比売神社と高野山がある和歌山県伊都郡、この三つに共通するのは「いと」という発音です。「いと」と朱には何か関係があるのではと考えてみたのですが、「井戸」が連想されるくらいで明確な答えは出てきません。スペインのアルマデンとともに水銀鉱山の遺構として世界遺産に登録されたスロベニアのイドリヤ（Idrija）も、なぜか似た発音の地名です。水銀に対する印象が極度に悪化している日本に住んでいるからでしょうか、水銀鉱山が世界遺産になっているのは意外な感じがします。

移動する人たち

邪馬台国時代の末盧国《まつらこく》と重なり、伊都国と接する九州西部鉱床群。この朱産地について疑問におもうのは、朝廷編纂の日本書紀、続日本紀、風土記に、朱の採掘がまったく記録されていないことです。九州南部鉱床群に属する大分県の朱産地は古代の文献で確認できます。考えられることは、九州西部は中国や朝鮮半島に近いので、早くから朱の採掘と輸出がはじまり、枯渇するのも早かったのではないかということです。それと鉱床の規模も小さいようです。

本章では伊都国を「九州の各地からあつめられた朱を輸出する交易拠点」と仮定してみたのですが、繁栄の余韻がみえるのは古墳時代のはじめごろまでです。それは九州に広がる朱の鉱床の、相対的な弱さを意味しているようにもみえます。丹生都比売神社の宮司が書いている伊都国王族の九州から近畿への移動が史実かどうかは別としても、九州西部の朱産地が枯渇したあと、新たな鉱床を求める人々の移動は想定できることです。考えられる移動のルートはふたつあります。ひとつは九州西部鉱床群から、鹿児島県や大分県など九州南部鉱床群への移動、もうひとつは瀬戸内海を経て、最大の鉱床である奈良県への移動です。

ヤマトと邪馬台国の関係

邪馬台国の年代は二世紀から三世紀で、奈良を都とした最初の統一国家（ヤマト王権、大和朝廷）はそのあとの時代ということになります。邪馬台国とヤマト王権との関係をどう見るか。これについては、邪馬台国とヤマト王権は別の場所にあって没交渉だったと見なすことも可能ですが、歴史的な関係をもっていたと考える人が少なくありません。邪馬台国の所在地論争もからみ、さまざまなことが言われていますが、以下の三つの説に大別できそうです。

①邪馬台国はヤマト王権との戦いに敗れて滅亡した（戦争説）。
②九州にあった邪馬台国が奈良に移動してヤマト王権となった（東遷説）。
③邪馬台国は奈良で誕生した国家で、それがヤマト王権になった（同一国家説）。

私たちは邪馬台国を「やまたいこく」と読んでいますが、江戸時代以前は邪馬台《やまと》国と読んで、大和《やまと》（奈良）と解することが一般的であったとも聞きます。邪馬台国の時代からはしばらくあとですが、六世紀に中国を再統一した隋の正史『隋書』に、当時の日本は「邪《や》靡堆《まと》」という所に都があり、これは「魏志倭人伝」に記されている「邪馬台」のことだと書かれているので、これが昔の日本人に影響しているともいわれています。一方、九州では、福岡県に山門《やまと》という地名があり、有名な邪馬台国候補地となっています。

邪馬台国が当時、どのように読まれていたかは不詳ですが、「やまたい」と「やまと」

はよく似た言葉です。異なる二つの国名の、偶然の一致というには不自然すぎるところがあり、東遷説、同一国家説の素地となっています。

上記三つの説を朱の古代史として見るならば、①朱の鉱床をめぐる利権争い②九州の朱の鉱床の枯渇にともなう奈良への移動③奈良の朱産地の絶対的な優位性――と解釈できそうです。

本稿の目的は三つの説のどれかを立証するものではないのですが、朱という鉱物をキーワードとすることで、邪馬台国とヤマト王権の連続性、共通性を探ってみようとしています。記紀にしるされた神話によると、天皇家の始祖は「高天原《たかまのはら》」なる所在不詳の場所から、九州南部とおぼしき「日向《ひむか》」へ移り住み、その子孫は奈良への大遠征に乗り出します。それを朱の産業史として解釈できるかどうか。それが次のテーマとなります。

第二章　神武天皇と神功皇后——古代産業の記憶

鹿児島県から物語が始まる

前章では「魏志倭人伝」をもとに、「朱の王国」としての邪馬台国を検証したのですが、この章では古事記、日本書紀の神話的な歴史記述のなかに、「朱の王国」の足跡を探してみます。日本列島の朱産地のうえでは、九州南部鉱床群と奈良の朱産地が、検討対象となります。

記紀にしるされた神武《じんむ》天皇、神功《じんぐう》皇后の物語。それは華々しい戦勝の記録というほかない外観をもっています。神武天皇は船によって、生まれ育った九州の日向国を出立、いくつかの戦いを経て、奈良に入り、初代の天皇になります。神功皇后は、第十四代とされる仲哀《ちゅうあい》天皇の妻ですが、夫の死後、全軍を統率し、朝鮮半島に出兵、こちらもみごとに勝利しています。

戦前、戦中期の教科書ではこうした記述を史実として記載していましたが、戦後の歴史学を方向づけた津田左右吉《そうきち》氏、直木孝次郎氏など有力な学者は、神武天皇、神功皇后を実在の人物とは認めていません。そして、記紀の物語の多くを史実ではなくフィクションとしています。それが今日の定説ですから、ほとんどの教科書に神武天皇、神功皇后の記述はなく、邪馬台国の卑弥呼が日本史で最初の「王」として登場します。

この章のプランは、神武天皇、神功皇后の実在性を検討しようというのではなく、記紀にしるされた武勇伝を、朱にまつわる産業史として読み解くことです。神武天皇の名前はイワレ彦、ホホデミなどと記載されており、実在の人物であったとしても天皇という呼称などない時代ですが、ここでは便宜的に神武天皇と表記することにします。

天皇家の先祖神が地上に降り立つ「天孫降臨《てんそんこうりん》」の舞台とされる日向（ひむか、ひゅうが）は、現在、宮崎県の旧称のようにつかわれていますが、古くは鹿児島県をふくむ九州南部をさしています。本稿で注目するのは日向国の地質的環境です。

九州南部の鹿児島県は日本列島で最大の火山地帯であり、熱水鉱床として形成される金山が集積し、金の産出量は都道府県ごとの累計値で第一位。「金山の前史としての朱産地」を想定できるエリアなのです。新たな金鉱床の探査はつづいており、一九八〇年代に発見された菱刈鉱山（鹿児島県伊佐市）は世界でも最高レベルの含有率をもつ優良な金鉱床で、現在も住友金属鉱山によって採掘されています。

姶良カルデラと神武天皇の妻

天孫降臨神話によると、九州南部に降り立ったニニギノミコトが現地の女性（女神？）コノハナサクヤ姫と結婚し、神武天皇はこの夫妻のひ孫という位置づけです。天皇家の系譜における神武天皇は、アマテラスを始祖とするとその五代目ですから、神と人間の中間的な性格を帯びた微妙な存在です。

神武天皇はいまだ日向に住んでいるとき、阿比良《あひら》姫と結婚し、二人の男児をえたと記紀にしるされています。阿比良は鹿児島県姶良《あいら》市、姶良郡など現代の地名に継承されており、阿比良姫はこの地に生まれ育ったと解釈されています。

『日本地方鉱床誌　九州地方』（一九六二年）には、姶良郡（現在は霧島市）の山ヶ野鉱山で金、銀のほか、朱が採掘されたと書かれています。山ヶ野鉱山は江戸時代の最盛期には二万人が働く国内有数の金山でした。神武天皇の伝説が「姶良」の地名によって、朱産地にむすびついています。霧島市には丹生附《につけ》という地名もあるので、『丹生の研究』では、このエリアを古代朱産地と推定しています。霧島市は天孫降臨の伝承地である高千穂峰《たかちほのみね》の所在地でもあります。

二万七千年まえ、超巨大噴火が鹿児島で発生し、大地が陥没した跡が姶良カルデラと命名されています。現在の鹿児島湾の周囲がカルデラの外縁にあたり、桜島はこの巨大噴火のあと、新しく誕生した火山です。阿比良《あひら》姫と姶良《あいら》カルデラ。二つの名の重複は、神武天皇の伝説が火山地帯にルーツをもつことを印象づけるものです。

『日本地方鉱床誌　九州地方』によると、鹿児島県の大口《おおくち》鉱山、入来《いりき》鉱山、牛尾鉱山などの金山でも、朱がともなうことが報告されており、金と朱の鉱床が重なるのは珍しくないことがわかります。現役の菱刈金山も朱の鉱床と重なっています。

大口鉱山は地表ちかくの石英の鉱脈に朱が大量にふくまれ、坑道を下部に降りるにつれて、レアメタルの一種のアンチモニー、さらにその下に金、銀の鉱脈があったといいます。ほかの金山でも朱と金はこうした上下の位置関係になっています。地表にちかい朱の鉱床は、地面や崖に赤色のかたまりとして露出しやすいので、金に先だって採掘されたことは、前章でとりあげた波佐見鉱山のケースによっても明らかです。

東征伝説と金山

記紀の物語において、神武天皇は兄たちとともに故郷の日向から船によって出陣、瀬戸内ルートで近畿に入り、奈良をめざす戦いが展開されます。いわゆる神武東征の伝説です。

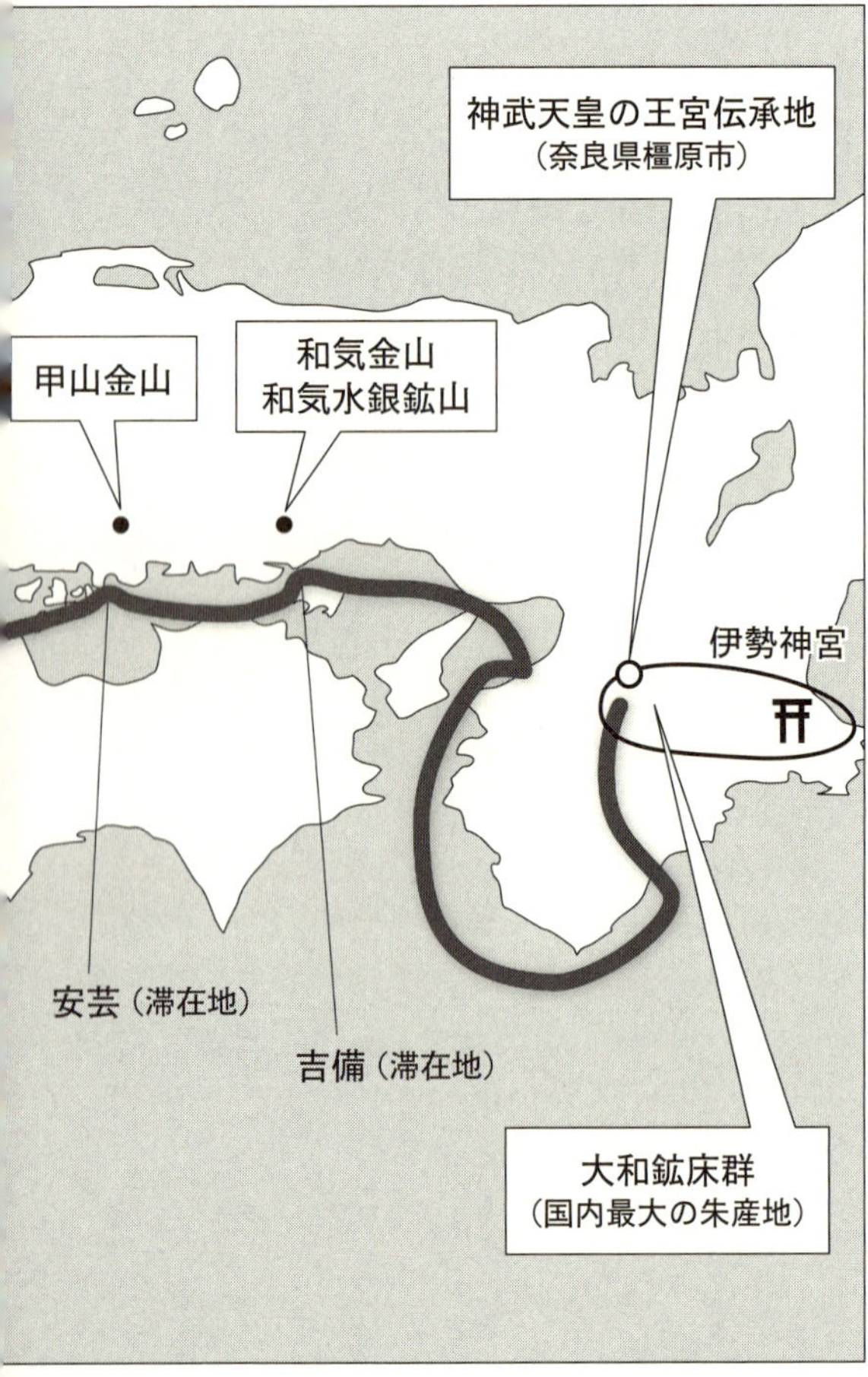

ぉ重なっている

:に示した。東征ルートは日本書紀にもとづく。

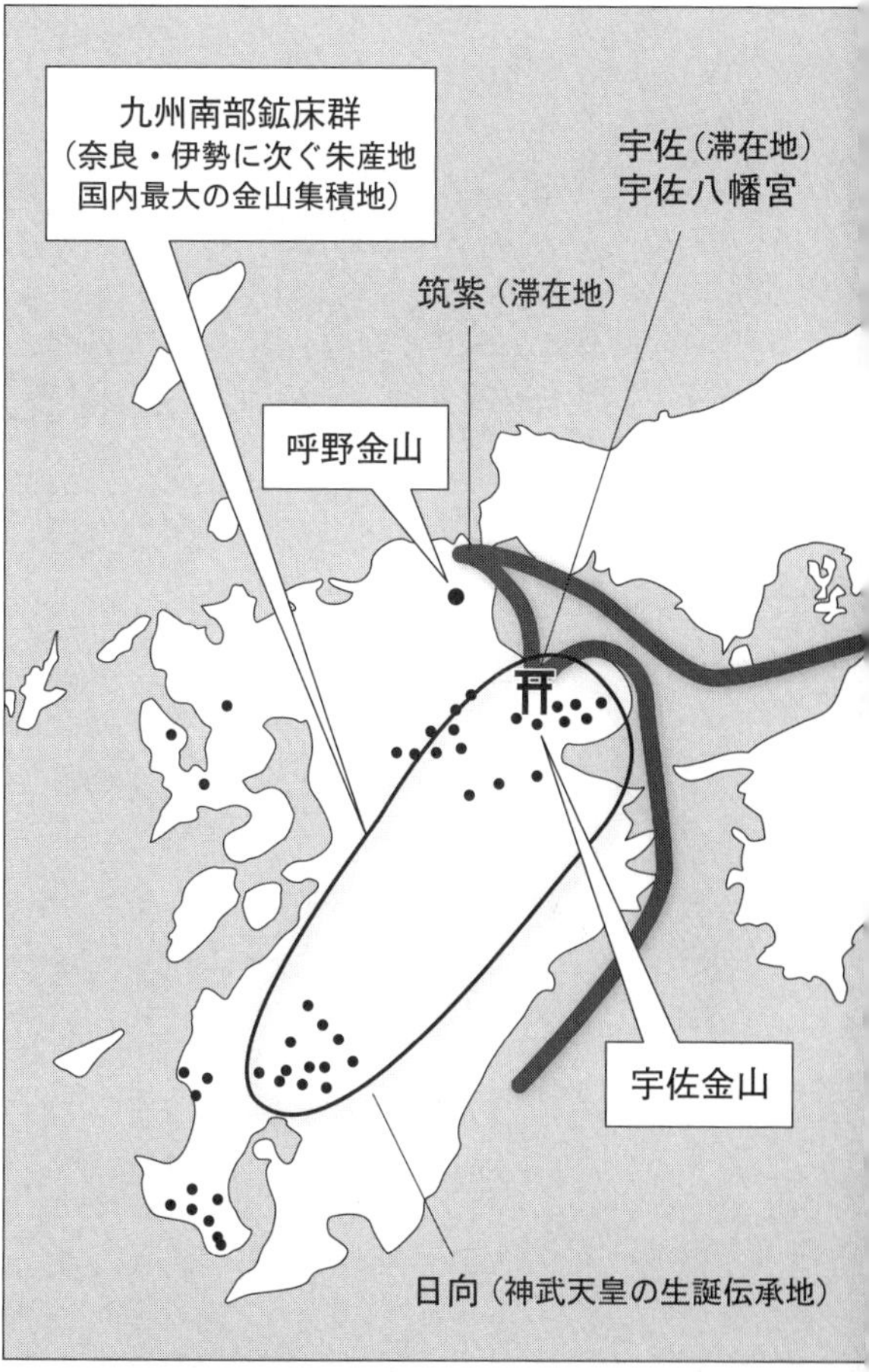

図３　神武天皇の東征伝説ルートと金山・朱産地の位置

注　●は主要な金山。位置は『日本の地質』「九州地方」「中国地方」を

写真２　宇佐八幡宮

一種の思考実験として、古代における朱産地と神武天皇の伝承地を重ねてみようとおもいます。「金山の前身は朱産地だった」と仮定しつつ、地質図をみていきます。

　神武天皇が最初に足をとめたとされる場所は、瀬戸内海に面する大分県宇佐市。宇佐津彦、宇佐津姫が「宮」をつくって迎えたと書かれています。全国四万社ともいわれる八幡神社。宇佐市はその総本社である宇佐八幡宮の鎮座するところです。

　地質図でみると、宇佐をふくむ大分県の北部は金の鉱床の密集地です。宇佐鉱山の名称で稼行されていた金山があり、近隣の杵築《きつき》市、中津市にかけて金山が集積しています。温泉で有名な別府市の別府金山などいくつかの鉱山で、朱をともなうことが報告されています。宇佐八幡宮の歴史を、銅あるいは鉄によって解釈する向きもありますが、宇佐周辺は明らかに金山地帯。坑道掘りによる金山の開発は戦国時代か江戸時代初頭からですが、その前史として朱産地があったことを想定できるかどうかが本稿のテーマです。

古事記によると、神武天皇の軍団は、筑紫（福岡県）の岡田宮、安芸（広島県）の多祁《たけ》理宮《りのみや》、吉備（岡山県）の高島宮にそれぞれ一年、七年、八年いたとされています。岡田宮は日本書紀に「岡水門《おかのみなと》」と記されているので、福岡県の遠賀《おんが》川《がわ》河口が候補地です。福岡県には何か所かの金山がありますが、遠賀川の近辺にも北九州市の呼野《よぶの》金山などがあります。

広島、岡山県を調べると、「中国地方の金銀鉱床は、大森鉱山（石見銀山）以外は小規模であるが、（中略）日《ひ》笠《がさ》鉱山と甲山《かぶとやま》鉱山の鉱床が比較的大きい」（『日本の地質⑦中国地方』）といい、それぞれ岡山県和気《わけ》町、広島県福山市にある金山です。偶然か否か、神武天皇の滞在地である広島県と岡山県にそれらしい規模の金山が一か所ずつありました。

日笠鉱山は和気《わけ》金山ともいいます。岡山県和気町には中国地方では唯一、近現代に稼行された和気水銀鉱山があるので、金山をもちだすまでもなく、古代朱産地の候補地です。和気清麻呂《わけのきよまろ》で有名な古代氏族、和気氏の拠点地であることもその傍証です。

神武天皇が東征の途上、福岡県、広島県、岡山県にそれぞれ一年、七年、八年、滞在していることは、奈良盆地をめざす戦争の準備としては不自然ですが、朱の採掘集団の活動記録として読むと、鉱床としては貧弱であったことを暗示しているようにみえます。もし豊富な鉱床が発見されていたら、もっと長くとどまるか、定住していたと思われます。

その後に神武天皇が向かった近畿地方は金山が少なく、奈良県にもこれといった金鉱床が見当たりません。というのも奈良の朱産地は金をともなわない熱水鉱床であり、朱の鉱床としては比較にならないほど巨大なものです。朱の産地を求めて、九州から東へ向かって移動したとしたら、奈良の鉱床の発見により新時代が到来したことは確実です。

血原の赤い大地

日本書紀によると、神武天皇は広島、岡山を経て、大阪に上陸しますが、先住者との戦いに敗れ、紀伊半島南端の熊野に再上陸し、熊野の丹敷浦で丹敷戸畔という者と戦っています。丹敷浦は一般的に「にしきのうら」と読まれていますが、『丹生の研究』では「丹《に》敷《ふ》」と読んで丹生地名のひとつと解釈されています。この場面では、熊野の神の吐いた毒気により、軍団の兵士が全員、失神するという有名な場面があります。朱砂を加熱して水銀をつくるときに生じるガスは有毒なので、中毒的な症状とする説があります。

紀伊半島南部では、千五百万年まえの火山活動によって、阿蘇山のカルデラ（二五×一八キロ）を上回る規模の熊野カルデラ（四〇×二〇キロ）が出現しています。奈良や伊勢に朱の鉱床をつくりだした火山活動も同じころですから、この時代の紀伊半島はすさまじい火山地帯であったことがわかります。和歌山県田辺市の龍神《りゅうじん》鉱山ではマンガンとあわせて朱が採掘されていた記録があるので、熊野エリアに朱の鉱床があるのはたしかですが、記録のうえでは大きな朱産地は見えません。

神武天皇の軍団は熊野の山岳地帯を踏破したあと、宇陀から奈良盆地に入ります。そのルートは、修験道の行者が修行のために歩く難路。船で移動してきた軍団の行路としてはいかにも不自然ですから、東征伝説の史実性を否定する根拠とする論者もいます。

松田氏が着目したのは、ウカシ兄弟にまつわる「血原《ちはら》」の話です。宇陀にはエウカシ、オトウカシという兄弟がいて、神武天皇の軍団に武力ではかなわないとおもったエウカシは、策略による殺害を計画します。屋敷に仕掛けをほどこしたうえで、神武天皇を宴に招こうとするのですが、オトウカシがそれを密告。エウカシは自らつくった仕掛けで圧死させられ、「流れ出る血は踝《くるぶし》まで浸した。それゆえ、その地を名付けて菟田《うだ》の血原《ちはら》という」

（『新編日本古典文学全集　日本書紀』現代語訳）という地名発祥譚になっています。これについて松田氏は「血原とは辰砂（朱砂）が赤く一面に露頭していた景観からでた呼称であろう」と述べ、血田《ちた》、血浦《ちうら》、血川《ちかわ》など各地の類似地名を朱産地の候補地としています。

日本列島のほとんどの朱産地では、純粋の結晶ではなく、ほかの岩石のあいだに貫入していたり、染み渡っている状態で採掘されます（**14ページ写真1参照**）。このため、塗料や薬品としてつかうには、それを磨りつぶし、水にひたすなどして選別し、純度の高い朱砂とする必要があります。エウカシの「圧死」とは、二枚重ねの石臼で、朱石を磨りつぶす光景を説話化したものだ。そんな解釈を示した人もいます。

土蜘蛛との戦い

東征伝説を奈良の朱産地とむすびつけた歴史学者の松田氏による『丹生の研究』は、神武天皇論としても斬新であったとおもうのですが、古代史学界で正面切って議論された形跡はありません。この本が刊行された一九七〇年代、神武天皇が実在の人物でないことは決着済みという雰囲気が支配的であったようですから、歴史学の検討対象とは見なされなかったのかもしれません。昭和期の採掘量においては、北海道がトップで奈良県は第二位の産地ですが、本稿のテーマは古代なので、松田氏をはじめとする専門家に従って、この一帯を国内最大の朱産地として話をすすめることにします。

宇陀の次の舞台は忍坂（おさか、おっさか）。現在の住所では桜井市忍阪《おつさか》ですが、そこには、尾がはえた土蜘蛛の集団がいたと古事記はしるしています。神武天皇は兵士たちを歌によって励まします。

忍坂《おさか》の　大室屋《おほむろや》に　人多《ひとさは》に　来入《きい》り居《を》り　人多《ひとさは》に　入り居りとも　厳々《みつみつ》し
久米《くめ》の子が　頭椎《くぶつつ》い　石椎《いしつつ》い持ち　撃《う》ちてし止《や》まむ

石槌は土蜘蛛を倒すための、石製の武器と解釈されていますが、朱の視点からは、朱石を打ち砕き、磨りつぶすための石の道具に見えます。各地の朱の製造遺跡で出土している大根のような石の棒が思いうかびます。敵を撃つのではなく、大勢の人が集まって、朱石を打ちつづける作業。そこにリズムをつける労働歌ということになります。すこし筋立てが異なりますが、日本書紀にも同様の逸話があります。忍阪には土蜘蛛がたむろしているので、私は古事記をはじめて読んだとき、山奥にある薄暗くて恐ろしげな土地をイメージしていたのですが、実際は近鉄大阪線の大和朝倉駅ちかくですから、町場の延長です。

神武天皇のマジック

戦いがつづいているある日、神武天皇は宇陀の高倉山にのぼって、周囲を見わたしたところ、敵がそこかしこにいます。味方になった宇陀の先住者オトウカシの進言があり、香具山の粘土で土器をつくり、「丹生の川上」で神事をとりおこなうことになったと日本書紀は述べています。神武天皇は、古代の朱産地を示唆する丹生という土地に立っています。朱の歴史をかんがえるうえで、注目すべき場面です。

この場面の二つの神事はいずれも戦勝占いで、もしうまくいけば、国を平定することができるであろうと、神武天皇は宣言します。ひとつは「水を用いないで飴をつくることができるか」、もうひとつは「用意している土器を川に沈めると、魚が酔って、水に浮かぶ葉っぱのように流れるか」。この戦勝占いについては、「水を加えずに飴状のものを作るなど、実際にはできないはずのことがテーマである。すなわち神意の有無が関わる」(『新編日本古典文学全集　日本書紀』)というあたりが一般的な理解であるようです。

朱の視点に立てば、「水を用いないで飴をつくる」とは、朱（硫化水銀）を加熱して硫黄を分離し、液体水銀に変化させる作業と解釈できます。金属でありながら常温では流動体である水銀は「飴」のようであるからです。第二の神事については、鉱物か植物の毒を土器に付着させたことが考えられています。前述の松田氏のほか、中世史学者の中村直勝氏が「伊勢の水銀剤」という論文でこうした説を述べています。

神武天皇は両方とも成功したので、戦勝の占いで「勝ち」のお告げを得たことになります。現代の私たちの目には、種も仕掛けもある手品《マジック》にしか見えませんが、朱色の砂がメタリックな輝きを放つ水銀に化学変化する現象をはじめて目撃した古代の人たちは驚愕し、神がかった奇跡だとおもったにちがいありません。

ところで、「魏志倭人伝」には邪馬台国女王の卑弥呼を、「鬼道に事《つか》え、能《よ》く衆を惑わす」と評する有名な一文があります。この一文の「惑」に注目して、卑弥呼は民衆を魔術的にコントロールしていたと読む人もいますが、神武天皇の水銀マジックと通じる印象があります。

鬼道という言葉をめぐって、神憑りして神託をもたらすシャーマンめいた統治者とする理解が定説でしたが、近年は、道教とむすびつけて解釈する人が増えており、シャーマン説は微妙な情勢です。道教の一分野である神秘医学において、朱は最重要物質ですから、本稿は道教説に沿っています。

中国では現在も朱（辰砂）が薬物としてつかわれており、その効能リストをみると、めまい、不安の解消とともに、「催眠」と書かれています。いわゆる催眠術に関係するのかどうか不明ですが、精神にかかわる薬として使用されていることはたしかです。

水分神社と朱産地の関係

『日本地方鉱床誌　近畿地方』には、奈良県内の主な「水銀鉱山」が、宇陀市に十三か所、桜井市に四か所あげられており、このうち最大のものが宇陀市菟田野《うたの》大澤の大和水銀鉱山でした。自然水銀の採掘量は少なく、実態としては、坑道から朱石を掘りだす鉱山で、それを原料として水銀を製造していました。戦前の昭和期から採掘されており、第二次大戦中の乱掘で一時、疲弊していたようですが、戦後になって新たな鉱脈が発見され、採掘がつづいていました。しかしその後、工業分野で水銀利用が減少したうえ、水俣病をはじめ水銀公害がクローズアップされたこともあり、一九七〇年代初頭に閉山しています。現在、大和水銀鉱山の跡地は水銀リサイクルの工場になっているので、鉱山の内部を見学できないかと問い合わせてみたのですが、厳重に封印しており内部には入れないとの回答でした。

そこから二キロほど離れていますが、入谷《にゅうだに》の坂道を三十分ほどのぼった先に丹生神社がありますす。小集落の鎮守という風情の小さな神社ですが、先に述べた神武天皇の戦勝占いの伝承地のひとつです。

祭神はミズハノメで降雨の祈願と安産の神であることが境内にある木札にしるされており、朱産地とのかかわりは社名のほか失われています。神社の世話役の男性に話をうかがったのですが、「この谷筋には試掘もふくめていくつもの採掘坑があったけれど、子どもが入ると危ないというので、全部、閉じた」とのことでした。昭和時代には、朱石が転がっているのを見ることもあったといいますが、今はほとんど目にすることはないそうです。

このエリアは国内最大の朱産地ですから、入谷（にゅうだに）という地名が丹生谷（にうだに）であることはほぼ確実です。しかし入谷を歩いても、そうした歴史をしるす看板ひとつ、目にすることはありませんでした。水銀の有害性が強調されるあまり、朱産地としての歴史までも封印されている雰囲気です。

大和水銀鉱山の近くには、バス道路に沿って、あざやかな朱塗りの社殿を誇る宇太水分《うだのみくまり》神社が鎮座しています。平安時代の全国の主だった神社を記載した「延喜式神名帳《えんぎしきじんみょうちょう》」にも記載されている歴史のある神社ですが、朱の歴史にむすびつくという説があります。通説では「水」と「分」を文字どおり解釈して、水分神社は水を配分する農業神とされていますが、地元研究者の田中八郎氏は『大和誕生と水銀』で、水分神社は単なる水の神ではなく、水銀《みずがね》の神であると主張しています。水分神社の「水」は水銀に由来するというのです。田中氏があげている論拠は、水分神社の全国的な分布をみると、異様なほど密集しているのが奈良県で、県内に五十社ほどあること、その筆頭格が国内最大の朱産地である宇陀の水分神社であることです。私は最初、半信半疑だったのですが、取材を重ねるうちに、この説は当たっているのではないかと考えるようになりました。田中氏の『大和誕生と水銀』はタイトル通り、ヤマト王権の発生を奈良の朱産地と関係づけている論考です。

光る井戸の謎

神武天皇の軍団が、奈良盆地の南側の山地にある吉野を通ったとき、井戸のなかに光があり、そこから井光《いひか》という人（神？）が出てきます。光る井戸とは何か。多くの人が注目する謎めいた記述ですが、これを金の鉱山あるいは自然水銀の鉱山とする説があります。『日本地方鉱床誌　近畿地方』などの鉱山リストをみると、奈良県吉野郡にはマンガン鉱山が集中しているのですが、川上村は特に多く、少なくとも七か所のマンガン鉱山が記録にみえます。そのひとつが井光《いかり》マンガン鉱山で、神武天皇の伝承地と重なっています。川上村には丹生川上神社が鎮座し、丹生川が流れています。

千五百万年まえ、川上村とその隣接地である三重県の大台町あたりを火口とする巨大噴火が起き、大地が陥没した跡が大台カルデラと命名されています。宇陀市や奈良市に痕跡をのこす火砕流は、この火口から放出されたという説が有力視されています。

先ほど申し上げたとおり、奈良県内には水分神社が五十社ほどあるのですが、吉野、宇陀、葛城《かつらぎ》、都祁《つげ》は「延喜式神名帳」に載っており、四大水分神社というそうです。『大和誕生と水銀』で述べられているように、水分神社が水銀にかかわるのならば、これも吉野が朱産地であることを示唆するデータです。吉野の水分神社は、「みくまり」が転じて「みこもり」となり、「身籠もり」「子守り」で安産、子育ての神さまとして信仰されています。このあとすぐに述べるように、赤ちゃんの誕生は朱の信仰とかかわっているので、これも要注意です。

このように、吉野には朱産地の状況証拠はそろっているのですが、採掘の記録はなく、仮説レベルの〝見えない朱産地〟としておくしかありません。

吉野の経済力

吉野は日本史において、政治的な敗者が捲土重来の機会をうかがう土地として登場します。天武天皇（当時は大海人皇子《おおあまのみこ》）は僧侶になると称し、近江国（滋賀県）の都から吉野に身をひきますが、吉野から挙兵し、朝廷の正規軍と戦い勝利します。後醍醐《ごだいご》天皇が吉野を南朝の拠点として戦いつづけたことは、南北朝時代の内乱としておなじみの史実です。

朱・水銀が吉野を拠点とした南朝勢力の有力な資金源であった――という説はときどき話題になりますが、一定の説得力があるのは、南朝の有力武将として知られる楠木正成《くすのきまさしげ》の拠点地に朱の鉱床が確認されているからです。そこは奈良の四大水分神社のひとつがある葛城エリアの近くです。

葛城の水分神社は奈良県御所《ごせ》市にあり、大阪との府県境にちかいところで、峠を越えた大阪府千早赤阪村《ちはやあかさかむら》にも水分神社が鎮座しています。そこが楠木正成の拠点です。赤阪の地名が朱の存在を示唆しているとおり、第二次世界大戦中、朱が採掘されていますが、たいした量ではなかったようです。中世史学者の中村直勝氏によって、楠木正成はもともと水銀商人で、その情報網と資金力で南朝を支えたという説が提示されています（『日本の合戦②南北朝の争乱』）。

葛城山といえば、雄略《ゆうりやく》天皇が、顔や姿が天皇のように立派な人と出会い、語り合ったところ一言主神《ひとことぬしのかみ》であったという逸話が日本書紀にあります。その場所は「丹谷」と書かれており、葛城地方の朱産地にむすびつく地名です。奈良と大阪の府県境には、千メートル前後の山が連なっていますが、二上山《にじょうさん》、信貴山《しぎさん》でも、千五百万年まえの火山活動を示す溶岩や火砕流の跡がみつかっています。

この章の前半では、九州南部にはじまる神武天皇の東征伝説のルートを見てきましたが、鹿児島、大分県は、火山地帯を背景とする朱産地（九州南部鉱床群）であり、奈良には太古の巨大噴火に由来する朱の鉱床が存在します。この東征伝説の終着点が奈良県橿原《かしはら》市です。奈良盆地を制圧した神武天皇は、畝傍山《うねびやま》（一九九メートル）のそばの橿原に王宮を設け、初代天皇に即位したという話になっています。

神武天皇を祭神とする橿原神宮は明治時代の創建ですが、その境内に畝傍山への登山口があります。畝傍山は同じ大和三山の耳成山《みみなしやま》とともに、千五百万年まえの火山の痕跡地です。登ってみると、山頂ちかくには溶岩が固まった火山岩があり、説明パネルには、畝傍山は「死火山」であると書かれていました。序章の地図（**20ページ**）で示しているとおり、畝傍山は朱の鉱床を生みだした火山と同じ千五百万年まえの火山活動の痕跡地なのです。

ここにも興味ぶかい符合があります。

朱の女神の支援をうけて

ここでいったん話を転じて、神功皇后《じんぐう》について考えてみます。記紀にしるされた天皇家の系譜において、神功皇后は神武天皇の十三代あとの仲哀《ちゆうあい》天皇の妻で、応神《おうじん》天皇の母とされています。仲哀天皇の治世、九州南部の熊曾《くまそ》が反乱をおこしたので、その征討のため、天皇は軍を率いて九州に赴きました。神功皇后も九州に向かい、現在の香椎《かしい》宮（福岡市東区）に前線本部がおかれたと日本書紀はしるしています。当地で神功皇后は神憑《かみがか》りして、朝鮮半島への出兵を促す神からのメッセージが託されます。

「熊曾のいる所は貧しい国である。そんな国は相手にせず、財宝にあふれた新羅《しらぎ》を攻めよ」

仲哀天皇はこのような内容の神託を疑う発言をするのですが、その直後、突然死にみまわれます。推理小説になじんだ私たち現代人には、「事件性あり」としかおもえないのですが、記紀の物語のうえでは自然死として淡々と事後処理がすすみ、神功皇后は天皇の名代として全軍を統率、神の助言にしたがって熊曾征伐は中止して、朝鮮半島に進軍します。

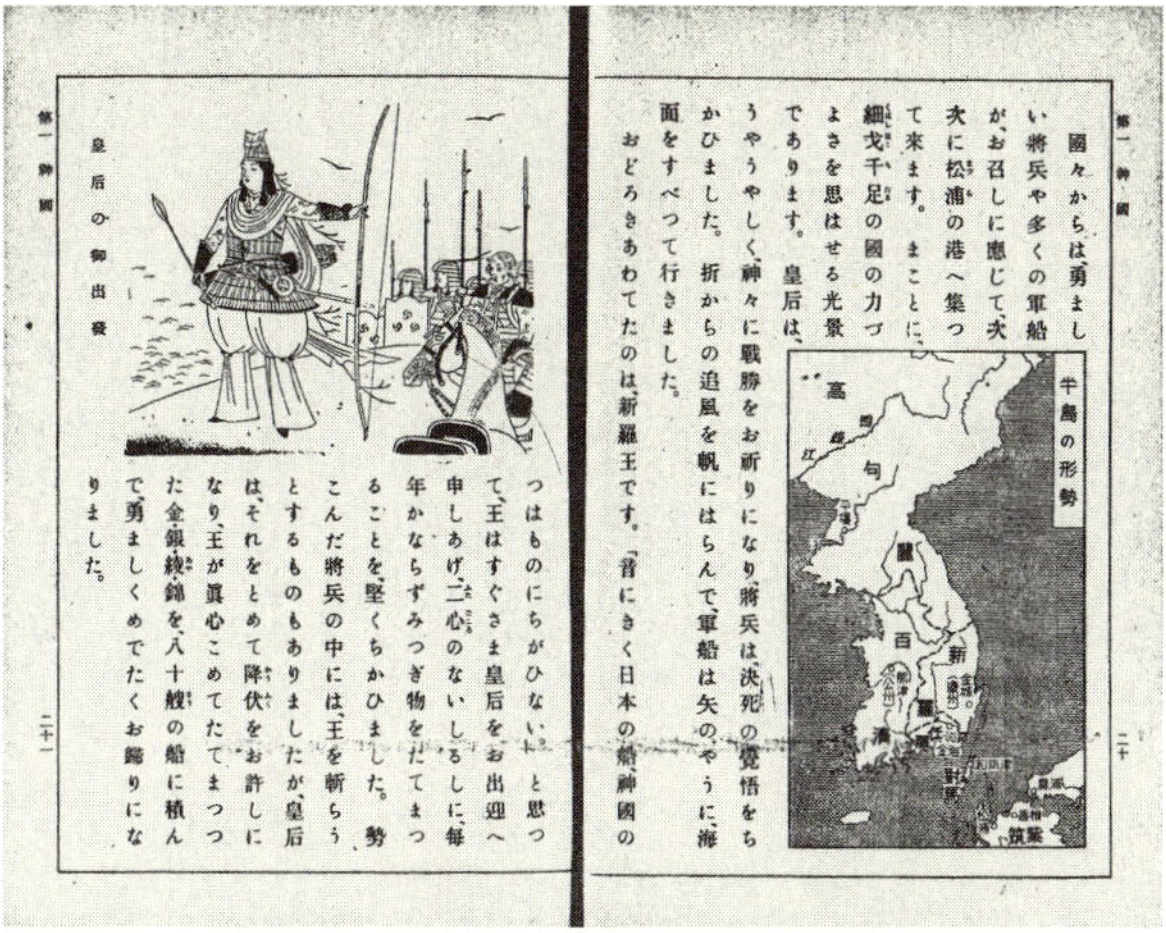

第一　神國　二十

國々からは、勇ましい將兵や多くの軍船が、お召しに應じて、次々に松浦の港へ集つて來ます。まことに、細戈千足の國の力づよさを思はせる光景であります。皇后は、うやうやしく、神々に戰勝をお祈りになり、將兵は、決死の覺悟をちかひました。折からの追風を帆にはらんで、軍船は矢のやうに、海面をすべつて行きました。

おどろきあわてたのは、新羅王です。「音にきく日本の船、神國のつはものにちがひない」と思つて、王はすぐさま皇后をお出迎へ申しあげ、二心のないしるしに、毎年かならずみつぎ物をたてまつることを、堅くちかひました。勢こんだ將兵の中には、王を斬らうとするものもありましたが、皇后は、それをとめて降伏をお許しになり、王が眞心こめてたてまつつた金・銀・綾・錦を、八十艘の船に積んで、勇ましくめでたくお歸りになりました。

第一　神國　二十一

写真３　戦中期の教科書に描かれた神功皇后

（国立国会図書館ウェブサイトより）

たやすく新羅に勝利し、船に宝物をつんで凱旋したと書かれています。

戦中期の小学生向け国定教科書『初等科国史』には、鎧兜に身をつつんだ神功皇后が左手には弓を、右手には矢をもった姿で描かれています（**上の写真**）。大日本帝国による朝鮮半島、中国への進出を正当化するために神功皇后の伝承をもちだしたという激しい批判を受けることになるいわくつきの教科書です。私がうけた戦後の歴史教育では、一度も神功皇后の名前を聞きませんでした。政治利用されたり、無視されたり。その扱われ方は両極端です。

奈良時代、朝廷の命によって編纂され

た「風土記」は、ほぼ全体がそろった完本のほかに他の書物に引用された部分だけがのこっている逸文があります。「播磨国風土記逸文」に、息長帯姫《おきながたらしひめ》が朝鮮半島への出兵のまえ、九州に下ろうとしていた際、ニホツ姫（朱の女神・丹生津姫と同じ）からの神託を得たという話が出ています。息長帯姫とは神功皇后のことで、息長氏という一族の女性であることを示しています。

私を手厚く斎《いっ》き奉ったなら、私はよい効験を出して、（中略）新羅の国を赤い浪の威力でもって平定なさろう。（『新編日本古典文学全集　風土記』現代語訳）

ニホツ姫から「赤土」が提供され、それによって船と鎧を赤く染めたと記されています。古代以来、船体や建築物を朱（硫化水銀）で塗るのは装飾だけではなく、腐敗を防止するためでした。神功皇后は帰還するとき、この女神を紀伊国の管川《つつかわ》に移したといいます。これが和歌山県伊都郡にある丹生都比売神社の前身であるとされます。第一章で述べたとおり、丹生都比売神社の元宮司は著作において、伊都国の王族が丹生氏の先祖であるとしているので、この神社を媒介として、神功皇后と伊都国が情報として結びつきます。

播磨国とは兵庫県の南西部ですが、神戸市と三木市の境ちかくに丹生山《たんじょうさん》があり、丹生《たんじょう》神社が鎮座しています。この地域は古代の朱産地であったと推定されているところで、今でもわずかながら朱の露頭を観察できるそうです。

神功皇后の邪馬台国観光？

神功皇后のこうした物語は史実とは無縁であり、奈良時代に創作された〝お話〟に過ぎないという説もありますが、創作としては不自然な記述が目立っています。前線本部として神功皇后が滞在していた福岡市の香椎宮は博多港にちかい場所ですから、ここから出陣すればいいのに、神功皇后は九州のなかで以下のように移動しています（『新編日本古典文学全集　日本書紀』による推定地）。

香椎宮（福岡市東区。博多港の近く）→松峡宮《まつおのみや》（福岡県朝倉郡筑前町あたり。大分県に近い内陸部）→筑紫国山門県《やまとのあがた》（福岡県みやま市瀬高町あたり。有明海の近く）→肥前国松浦県《まつらのあがた》の玉島里《たましまのさと》（佐賀県唐津市。「魏志倭人伝」の末盧《まつら》国）→筑紫国伊都県《いとのあがた》（福岡県糸島市。「魏志倭人伝」の伊都国）

ここで問題になるのは、福岡県朝倉市です。平安時代の辞書「倭名類聚鈔《わみょうるいじゅしょう》」は、朝倉市および朝倉郡にあたる筑前国の上座郡《かみつあさくらのこおり》に「壬生」の地名を載せ、「にふ」の読みを示しています。これを根拠として、『丹生の研究』は、朝倉市にある「入地」という地域を古代朱産地としています。ただし入地は現在、「いりじ」と読まれています。ずっとあとの七世紀の白村江《はくすきのえ》の戦いのとき、新羅と唐に攻められた百済《くだら》に援軍を派遣するため、斉明《さいめい》天皇と中大兄皇子《なかのおおえのおうじ》（のちの天智《てんじ》天皇）が前線本部としたのが朝倉エリアでした。海から離れたこの地を拠点とするのは奇妙なことなので、天皇家にゆかりのある土地なのではと言う人もいます。

九州には邪馬台国の候補地が林立していますが、朝倉市は九州説の旗頭である安本美典氏による候補地です。旧山門《やまと》郡（福岡県みやま市）は江戸時代の学者で幕府高官でもあった新井白石、東京大学の教授だった白鳥庫吉《くらきち》が邪馬台国の所在地としています。そのあと、邪馬台国時代の末盧国から伊都国に向かっています。神功皇后の行軍ルートは、まるで歴史マニアの邪馬台国観光です。

旧山門郡は白鳥庫吉のほかにも、津田左右吉など有名学者が支持しており、ひところは九州説、近畿説をふくめて、最有力の候補地だったようです。「やまと」という地名が最大の根拠ですが、女山《ぞやま》というそれらしい地名もあります。近畿説だけでなく、九州説でも、邪馬台《やまと》という読みが影響をもっていることがわかります。その後の発掘調査で、それらしい遺構が見つからず、トーンダウンしていますが、現在も少なからぬ支持者がいます。

　朱の視点からこの地域を看過できないのは、平成期の発掘調査によって、みやま市瀬高町山門の藤《ふじ》の尾《お》垣添《かきぞえ》遺跡から、朱砂製造用とおぼしき石杵や朱（硫化水銀）の付着した土器などが発見されているからです。弥生時代から古墳時代の朱の製造拠点として注目されています（福岡県教育委員会「九州新幹線関係埋蔵文化財調査報告⑯」）。

　時系列的には戻ることになりますが、仲哀天皇と神功皇后が九州に上陸するまえ、「穴《あな》門豊浦宮《とのとよらのみや》」にいたと記紀はしるしています。現在の山口県下関市豊浦町に伝承地があります。古事記は、仲哀天皇が豊浦宮で「天の下を治めき」としるしており、本格的な皇居であったかのような文面です。序章で紹介した南教授作成の朱産地リストには、山口県ではただひとつ、下関市の阿川鉱山があげられていますが、そこは旧豊浦郡。ここでも神功皇后の伝承と朱産地が交差しています。

「神功皇后＝卑弥呼」説

九州に来ていたころの神功皇后は妊娠中で、朝鮮半島への出兵のときは臨月にあたっていたという話になっています。神功皇后は船に乗り込んで出陣する直前、産気を鎮めるために腹に石をあてて、こう述べたというのです。その舞台は伊都国のエリアです。

「事を成し終えて帰ったその日に、この地で生まれてください」と仰せられた。その石は、今、伊都県《いとのあがた》の道のほとりにある。（『新編日本古典文学全集　日本書紀』現代語訳）

出産の直前まで社会の第一線で活動する女性もいるので、キャリアウーマンの走りといえなくもありませんが、大きなお腹《なか》を石で押さえて出産時期を遅らせるというのは、母子双方の健康に悪影響がありそうで、たとえ史実でないとしても不安になります。

万葉集には地元の古老の話として、当時の地名である「怡土《いと》郡深江村」に海を望む丘があり、そこに二つの石があること、それが産気を鎮めるための石であることが書かれています。筑前国（福岡県）の役人であった山上憶良《やまのうえのおくら》の作とされる長歌（作品番号813）の序文に出ているのですが、これは神功皇后の物語が、万葉歌人たちが生きていた奈良時代、すでに伝説化していたことを示しています。

この伝承の舞台とされる鎮懐石八幡宮《ちんかいせきはちまんぐう》（糸島市二丈深江）は、万葉集の記述どおりの丘の上にあり、唐津湾の向こうにつづく島々の風景を見渡すことができます。鎮懐石八幡宮から海岸線の道を二キロほど歩くとJR大入《だいにゅう》駅。『丹生の研究』で、「入《にゅう》」と「丹生《にう》」の連想から、朱にかかわる可能性が指摘されている〝丹生系〟の地名です。

糸島市で神功皇后と朱にまつわるもうひとつの伝承地は染井神社です。元来、脊振山《せふりさん》の山岳仏教にかかわる寺院であったようですが、染井の井戸という井戸跡があります。江戸時代の福岡藩の儒学者で本草学者でもあった貝原益軒は、地元の歴史や伝承をまとめた『筑前国続風土記』を書いています。同書によると、神功皇后は半島への出兵のとき、この井戸に向かって、

「この戦いで、勝利を得るならば鎧は緋色（赤）に染まるでしょう。勝てないとしたら、元の色のままでしょう」

と言って、鎧を井戸に浸すと、みごとに赤く染まり、勝利を確信したというのです。近くを流れている川を赤崎川といいます。

神功皇后をめぐる重要な論点のひとつは、日本書紀が神功皇后と卑弥呼を同一人物であるかのように記述していることです。断定はしていませんが、それを暗示するような文面です。

日本書紀は神武天皇のあと、天皇ごとに章分けするようなスタイルで出来事を記述しているのですが、神功皇后だけは天皇ではないのに独自の章があります。そのなかに、倭国の女王が使者を朝鮮半島にある魏の出先機関に派遣したという有名な箇所をはじめ、「魏志倭人伝」からの引用が散見され、日本書紀の編纂者は「神功皇后を卑弥呼と同一人物とみたためである」（岩波書店『日本書紀』上巻）と理解されています。

神功皇后の子とされる応神《おうじん》天皇についても実在の人物かどうか議論はあるものの、五世紀ごろに実在したとみる論者が多いようです。そうであるならば、神功皇后が三世紀の卑弥呼と同一人物であることはありえず、日本書紀の編纂者のミスとされています。

本稿のテーマにおいて注目されるのは、神功皇后の船団の出発地が、邪馬台国時代の伊都国であるように読めることです。日本書紀の文面が「神功皇后＝卑弥呼」説に引きずられているように見えるのは、編纂者たちがこうした伝承に影響されたともかんがえられます。

丹生と誕生

石でお腹を押さえて朝鮮半島に遠征した神功皇后は、帰還したあと、九州の地で男の子を出産します。のちの応神天皇です。古事記には「その御子を生みし地をなづけて宇美といふ」と書かれており、『新編日本古典文学全集　古事記』は福岡県糟屋《かすや》郡宇美町《うみまち》にあてる説を紹介しています。

「魏志倭人伝」によると、魏からの使者は伊都国の次の次に不弥国《ふみこく》を訪問しており、江戸時代の新井白石以来、宇美にあてる説があります。ここでも神功皇后と邪馬台国の伝承が交差しています。

応神天皇誕生地の由緒をもつ宇美八幡宮。その境内のいちばん奥に、丸みをおびた石が山をなして積まれています。出産前に神社にある石を持ち帰って、無事、赤ちゃんが産まれたら、誕生日と名前を石に書いて、奉納するそうです。言うまでもなく、神功皇后の伝説にもとづく風習です。神道のなかに仏教の要素が混ざっていた江戸時代までは、宇美八幡宮と一体運営されていた寺院がありました。誕生寺《たんじょうじ》といいます。

宇美八幡宮の誕生寺という名称が気になるのは、『丹生の研究』で松田氏が、岡山県久米南町の誕生寺について、もとは丹生寺《たんじょうじ》ではなかったかと述べているからです。

朱をあらわす「丹生」の地名は漢字の音どおりに「たんじょう」と読まれる事例があり、兵庫県に丹生山《たんじょうさん》、丹生神社《たんじょう》があります。岡山県の誕生寺は、浄土宗の開祖、法然上人誕生の地というゆかりをもつ寺院ですが、近隣には近代の和気水銀鉱山があり、古代の朱産地と推定できる地域です。

佐賀県嬉野市でも丹生神社の丹生は「たんじょう」と読まれています。この地を取材したあと、最寄りのJR肥前鹿島駅で電車を待っていたとき、待合室で駅の近くにある「誕生院」という寺の広告ポスターを見て驚いてしまいました。古代の朱産地であることはほぼ確実な地域ですから、これも丹生から誕生への変換である公算が大きいとおもいます。

誕生院のある佐賀県鹿島市は、和歌山県の根来寺《ねごろじ》を総本山とする新義《しんぎ》真言宗の開祖である興教大師覚鑁《かくばん》の出生地であるそうで、それが誕生院の由緒です。根来寺は「根来塗」という朱塗りの漆器とともに知られています。覚鑁はもともと高野山の大幹部だった人ですから、ここでも空海の真言密教と朱・水銀とのつながりが察知されます。

宇佐「邪馬台国」説

安産信仰の宇美八幡宮は全国各地にある八幡宮の系統の神社ですが、その総本社が大分県宇佐市に鎮座する宇佐八幡宮で、神功皇后とその子の応神天皇が主祭神として祀られています。もっとも、神功皇后が祭神として見えるのは平安時代以降で、奈良時代より前については神社の起源をふくめて未詳です。神功皇后は全国各地にある八幡宮系統の神社の多くで祭神となっており、信仰の領域でも大きな存在感をもっています。

宇佐は先に申し上げたとおり、日向を出立した神武天皇が最初に滞在した土地であり、神武天皇、神功皇后を追ってゆくと、大分県宇佐市で二人の伝説が交わっていることに気がつきます。本稿のテーマにおいて、これを偶然であると認めがたいのは、大分県は九州でも最大の朱産地であるからです。

鉱山事業や地質学の調査で朱が確認された事例を単純に足し上げると、大分県は北海道、奈良県に次いで多く、二十か所を超えており、第二次世界大戦中の軍部による鉱山事業では、佐伯鉱山（佐伯市）と今市鉱山（大分市）が水銀鉱山として稼行しています。大分県内の金、マンガン、ニッケルなどの鉱山でも朱が確認されています。

奈良時代、女帝の称徳《しょうとく》天皇にとりいり、僧侶である道鏡が皇位を継承しかねない怪事件があったとき、宇佐八幡神の託宣がそれに賛成するかどうかをめぐって当時の政界が大混乱していますｃ天皇家の氏神でもないのに、なぜ、皇位継承にも影響力をもっていたのでしょうか。通説においては、もともと宇佐地方の地方神にすぎなかったが、九州を舞台とする藤原広嗣《ひろつぐ》の反乱事件、東大寺造営への協力などをきっかけに朝廷との関係を深め、鎮護国家の神として全国的に重視されるにいたったと説明されますが、疑問はのこります。

宇佐八幡宮の参道をすすむと、本殿のある高台への登り口に菱形池があります。池というより原始的な沼地の雰囲気ですが、樹木にさえぎられた光が、藻のしげった水面を淡く照らし、宮崎駿氏のアニメ作品の一場面のような風景です。ここが八幡神の出現地であるとされ、鎌倉時代に成立した『八幡宇佐宮御託宣集』には、以下のような創始伝説が載っています。

六世紀の欽明《きんめい》天皇のとき、この池のほとりに、八つの頭をもつ「鍛冶翁《かじのおきな》」があらわれ、その姿を見た者は病気になったり死んだりした。さらに、金色の鷹の出現、その鷹が鳩に変身するという奇怪な事件がつづく。同社神官家の先祖である大神比義《おおがのひぎ》という人が三年、断食して祈りつづけたところ、池のほとりに三歳の童子があらわれた。その童子は自ら、「誉田《ほんだ》天皇」すなわち応神天皇であると名乗った――。筋を追いづらいシュールレアリスム文学まがいの縁起です。応神天皇は三歳の童子とされているのですが、昔は数え年ですから三歳は現在の二歳くらい。赤ちゃんに毛の生えたような幼児として、八幡大神こと応神天皇は出現したと伝えられているのです。

この話から、私はひとつの着想を得ました。丹生という地名が丹生《たんじょう》と読まれる兵庫県、佐賀県の事例は先に紹介しましたが、誤読か言葉遊びのようなものだとおもっていました。漢和辞典『漢字源』によると、「丹《たん》」と「誕《たん》」は発音においても意味のうえでも同系であり、「丹」は採掘のための穴から「丹砂があらわれ出るさま」（『漢字源』）、「誕」は母体から「赤子が外にあらわれ出る」（同）ことです。共通する意味は「赤」の出現です。そうであるならば、神功皇后が赤ちゃん（応神天皇）を産むことは、大地から朱の鉱石が掘りだされることの比喩的表現であり、八幡信仰とは丹生《たんじょう》（朱産地）の信仰にほかならない――という連想に導かれます。

福岡県の宇美八幡宮に付属していた寺を誕生寺といったことが思いおこされます。この寺名は応神天皇の誕生地とは関係なく、八幡信仰そのものが丹生の信仰にかかわるからだと考えることもできます。

ここで問題となるのが、宇佐八幡宮の三柱の主祭神のひとつ、比売大神《ひめおおかみ》です。三つ並んだ朱塗りの社殿のうち、左右の応神天皇、神功皇后にはさまれた中央で祀られていますが、この女神の正体は古くから不明とされており、天照大神《あまてらすおおみかみ》などいくつかの説があります。現在の宇佐八幡宮では比売大神を宗像《むなかた》信仰の三女神としていますが、卑弥呼をあてる学説もあります。邪馬台国論争史で独自の存在感を示している「邪馬台国宇佐説」です。

昭和時代、宇佐説の陣営には、富来隆氏をはじめとする歴史学者、推理作家の高木彬光氏など著名人がそろっていました。富来氏は大分大学の教授だった人で、大分県の古代朱産地の調査にもかかわっていました。高木氏の邪馬台国論は、宇佐八幡宮を卑弥呼の墓所とする説です。

邪馬台国論争において分散傾向の目立つ九州説ですが、宇佐説は、旧山門《やまと》郡（福岡県みやま市）に次ぐ支持者がいたようです。朱産地としてのレベルだけで採点すれば、大分は奈良に次ぐ有力な邪馬台国の候補地ですが、そうでないとしても、邪馬台国連合のなかで幹部クラスの地域国家であるはずです。宇佐八幡宮の不思議なほどの権威は、そのあたりに関係するのかもしれません。

ちらつく神秘医学の影

宇佐八幡宮の菱形池は八幡大神（応神天皇）が出現したとされる聖地ですが、池のなかに小島があって、そこに水分《みくまり》神社の小さな朱色の祠《ほこら》があります。宇佐八幡宮の鎮座する場所は平野部であり、水を配分する神という意味には合致しないので、「鍛冶翁《かじのおきな》」の出現する創始伝承をふまえて、鍛冶作業に欠かせない水を司る神という解釈があります。先に申し上げたとおり、水分神社の「水」は水銀のことだという説もあるので、こちらに立てば、朱産地とのつながりが見えてきます。

　菱形池での八幡大神の出現にかかわった大神比義《おおがのひぎ》という人物は、『八幡宇佐宮御託宣集』のなかで五百歳あるいは八百歳と書かれています。宗教史家の田村圓澄氏はこれを道教の神仙思想を特徴づける不老不死伝説とみて、「大神比義は道教の修行者、すなわち道士の風格をもっている」と述べています（『日本の神々①九州』）。

　神功皇后の側近であった武内宿禰《たけうちのすくね》。古代史において屈指の謎を秘めたこの人物は、景行、成務《せいむ》、仲哀、応神、仁徳の五人の天皇に仕えた驚くべき長寿の人として描かれています。これも不老不死の伝説めいた話です。

　古事記には、武内宿禰が生まれてまもない応神天皇をつれて、近江、若狭を巡ったとき、福井県敦賀市の気比《けひ》神宮の神と応神天皇の名前を交換するという奇妙な逸話があります。神の言葉に従い、海岸に行ったところ、入鹿魚《いるか》が群れており、その鼻から出た血で臭かったので「血浦」という地名が生じ、それがいまの敦賀に転じるという地名発祥譚になっています。「血」、「入」。ここにも朱産地を暗示する文字が見えます。

道教という文化は日本人には非常にわかりにくいものですが、辞書的には、古代中国のさまざまな民間信仰を源流として、神仙思想による不老長生の術を柱とする宗教と説明されています。日本では教団による組織的な普及こそなされていませんが、「中国や朝鮮半島から渡来した人々により、神仙思想や道術（道士法とも。道教の方術的部門・医術的部門）が伝えられ、定着した」（『岩波　日本史辞典』）とみられています。大分県は九州のなかでも秦氏をはじめとする渡来系の人口比率の高いところで、宇佐八幡宮に見える道教的なものは、そうした渡来系文化とみられています。

古代の宇佐地方に医術の伝統があったことは文献からもうかがえ、「続日本紀」によると、奈良時代の八世紀前半、宇佐にいた法蓮という僧侶は医術に精通し、民衆の病苦を救ったとして、朝廷から宇佐君《うさのきみ》の姓《かばね》が与えられています。もっと古い時代でいえば、聖徳太子の父親の用明天皇が病気になったとき、豊国《とよくに》法師という僧侶が呼び寄せられたという記述もあります。豊前、豊後に分かれるまえの大分県域を豊国《とよのくに》といいました。この国名について、朱の鉱床の豊かさとそれにともなう繁栄に由来すると見なすのも一案です。

戦いではなくビジネス

ここまでの検討をもとに、水を用いないで「飴」をつくると宣言する神武天皇のセリフを読み直してみると、思いのほかの重大発言であることに気がつきます。読み下し、現代語訳ともに『新編日本古典文学全集　日本書紀』から引用します。

> 水無しに飴《たがね》を造《つく》らむ。飴成らば、吾《われ》必ず鋒刃《つはもの》の威を仮《か》らずして、坐《ゐ》ながらに天下《あめのした》を平《ことむ》けむ（水無しで飴を作ろう。飴ができたならば、必ず私は武器の威力を借りないで、居ながらにして天下を平定することができよう）（圏点は筆者）

「武器をつかわないで、天下を平定する」。神武天皇はそう宣言しているのです。たとえ実在の人物でないとしても、記紀の物語において初代天皇というこれ以上ない重要な登場人物の発言に、私たちは注意深く耳を傾ける必要があるのではないでしょうか。

記紀の物語においては、戦いで勝利した末に初代天皇に即位したという展開になっているのですが、朱の視点からは、松田氏をはじめとする論者が主張している別の側面が見えてきます。

九州南部の日向にいた人物（あるいは集団）が大分県の宇佐をはじめとする各地の朱産地を経て奈良に入り、巨大な朱の鉱床を発見した。その人物（あるいは集団）は朱を原料として水銀をつくる技術を有しており、それを中国や朝鮮半島に輸出して途方もない財力を得た。その経済力を背景として奈良盆地を支配した――というストーリーです。

もし、こうした理解が真相に触れているならば、神武天皇は武力によって奈良盆地の支配権を確立したという記紀の記述は一種の比喩的な表現であり、現実に起きたことは、「武器の威力」を必要としない、ビジネスの文脈で理解できることです。本章の検討によって見えてきた神武天皇の容貌は、朱という鉱物の探査者であり、その化学的側面に精通した技術者です。

ヤマト王権メンバーである物部《もののべ》氏、鴨氏にも九州から奈良へ移住したという先祖伝承があります。九州から近畿へ。西から東へ。古代の日本史には、大きな波のように人が動いてゆく気配があります。本稿では神武天皇の伝説もそのひとつとして検討しています。

神武天皇は、特定の人をモデルとする人物像なのか、それともある時代をシンボリックにあらわす人物造形なのか。判断は難しいですが、どちらであるとしても、九州の朱産地の枯渇と、新たな鉱床をもとめる探索の歴史を表象しているように見えます。日本史のなかで奈良盆地が急速に頭角をあらわすのは、古墳時代のはじまる三世紀。巨大な朱の鉱床の発見が奈良の繁栄の起点であったとするならば、神武天皇の東征伝説を古墳時代のプロローグとして読むことができるとおもうのです。

赤い波にのって

神武天皇の伝説が朱の産業史における鉱業的な記憶であるとすると、神功皇后の伝説は海外との交易の記憶とみなすことができそうです。すでに紹介ずみのことですが、「播磨国風土記逸文」によると、朝鮮半島への出兵の直前、別の女性に神憑りして神功皇后のまえに出現した朱の女神ニホツ姫は、自分を手厚く祀ったなら、「赤い浪の威力でもって（原文は「以丹浪」）」（『新編日本古典文学全集　風土記』）、新羅《しらぎ》を平らげると言っています。似た逸話が日本書紀にもあって、神功皇后にのりうつった神は、金銀、宝物にあふれた新羅国に攻め入るべしと神託したうえで、こう述べています。

もしもよく私をお祭りくださるならば、まったく刃を血塗らずして、その国は必ず帰

服するだろう。(『新編日本古典文学全集　日本書紀』現代語訳、圏点は筆者)

ここでも「非暴力」による勝利が予言されています。神功皇后の伝説が朝鮮半島との交易を背景とするものならば、「赤い浪の威力」とは、この当時の朱が有していた交換価値の大きさを暗示しているように見えます。

井上光貞氏は戦後、長らく東京大学で古代史を講じられた歴史学者ですが、学界のみならず一般読書界にも多くの支持者がいて、戦後の歴史学の流れをつくった一人です。中央公論社の日本の歴史シリーズの第一巻『神話から歴史へ』で、神功皇后の半島出兵について、「この物語が伝説であって、史実でないことは説明するまでもない」「お伽噺のような」物語であると断じて、その根拠を以下のように述べています。

四世紀の後半に、大和政権が大規模な軍事行動を朝鮮半島に起こしたことは、動かすことのできない史実だが、この物語には、その戦争の筋道はどこにも書いてないのである。

たしかに神功皇后の朝鮮出兵については、戦闘のあった場所、状況、行軍のルートなど具体的なことはなにひとつ文面に見えないのですが、その一方で、戦利品については、「金、銀、彩色及び綾、羅、縑絹《かとりのきぬ》」を「八十隻の船」に積ませて日本に帰還したと妙に具体的です。

神功皇后は朝鮮半島への出兵のとき、出産を遅らせるため、腹に石をあてたという話になっていますが、この石の正体が朱石であるならば、神功皇后は朱石をたずさえて朝鮮半島へと渡り、大きな商談をまとめたと解釈できるのではないでしょうか。神功皇后にまつわるふしぎな石の伝承地である鎮懐石八幡宮は糸島市に鎮座しており、そこは本稿が朱の輸出拠点であった可能性を想定している伊都国のあったところです。

朱と水銀はその利用の起源がわからないほど古い時代から人間社会のなかに存在しており、洋の東西を問わず、貨幣に準じる交換価値をもっていたといわれています。朱・水銀の価値がどれくらいあったかという問題は、品質やその時代ごとの需給関係にもよりますが、金や銀と比較する文章をしばしば目にします。たとえば、古代の朱を展示している糸島高校の付属博物館で、「朱一匁《もんめ》、金一匁」という古い言葉が紹介されていました。金に匹敵する交換価値があったという意味です。鉱山史の専門家である小葉田淳氏の『金銀貿易史の研究』によると、江戸時代、日本に滞在していたドイツ人医師のケンペルの書いた『日本誌』には、天然の朱でとくに美麗なものは銀よりも高く売却されるという記述があるそうです。

英語では水銀をmercuryといいますが、その語源は商業の神Mercury(マーキュリー、メルクリウス)とされていることもこうした文脈で理解可能です。Mercuryは、商業の神であるとともに、技術、旅行の守護神でした。

神武天皇、神功皇后の伝説を、朱と水銀をめぐる鉱床開発と交易の成功譚として読むことが許されるならば、商業の神であり水銀の語源でもあるMercuryとの共通点が見えてきます。朱によってもたらされた富によって、日本列島がにわかに活気づき、新しい時代の幕が開かれたのではないか——。そんな見通しをもって、神話的世界から現実の歴史へと目を転じてみましょう。

第三章　前方後円墳と朱のバブル

卑弥呼の古墳？

奈良駅から奈良盆地を南へ走るＪＲ桜井線はローカル線の風情ただよう単線で、巻向《まきむく》駅は駅舎もない無人駅。ホームを出たところが道路となっています。ところどころに田畑ののこる農村的な風景を十五分ほど歩くと、箸墓《はしばか》古墳（奈良県桜井市箸中《はしなか》）に到着します。近年、この前方後円墳を卑弥呼の墓とする言説が勢いづいていますが、今のところ観光色はうすく、森のたたずまいをもつ古墳のまわりをぼんやりと歩いていると、遠い時間のなかに心がとけてしまいそうになります。

南に目を転じると、竜門山地《りゅうもんさんち》とよばれる奈良盆地の南側の壁をなす山並が迫っており、そのなかの一峰、六百メートルほどの高さの多武峰《とうのみね》を中心として、昭和時代まで採掘された朱産地（水銀鉱山）が点在しています。最も町中に近い朱産地は、箸墓古墳からわずか六、七キロほどの距離です。

この章では桜井市をクローズアップすることになりますが、それは古墳文化とヤマト王権の発祥地であり、宇陀《うだ》市からつづく国内最大の朱の鉱床があるからです。そしてこの地が邪馬台国の最も有力な候補地とされているからです。

写真４　静かにたたずむ箸墓古墳

　桜井市には箸墓古墳より早く築かれた百メートル前後の古墳があり、形状も前方後円墳とよく似ていますが、最初の巨大古墳である箸墓古墳の出現をもって、古墳時代の開始とする考古学者が多いようです。それは三世紀半ばとされています。箸墓古墳は宮内庁により倭迹迹《やまととと》日《ひ》百《もも》襲《そ》姫《ひめ》の墓として管理されており、全長約二七五メートル、全国で十一番目の大きさです（古墳の大きさは『日本古墳大辞典』の数値。以下同）。

　箸墓古墳はひと昔まえまで三世紀末から四世紀初頭の造営であると見られていたので、卑弥呼の死亡（二四七年ごろ）からは半世紀も離れており、邪馬台国と結びつける議論は目立ちませんでした。ところが近年、その状況が大きく変わっていることは、考古学の外野席にいる私たちにも伝わってきます。土器の形式による年代推定、樹木の年輪や放射性物質の半減期を利用した年代推定のいずれにおいても、三世紀半ばの造営という見解が示されるようになっています。

学界のみならず、一般社会の関心をあつめているのは、従来、弥生時代の終わりごろと見られていた邪馬台国の時代が、古墳時代の初頭であることになるからです。これによって、邪馬台国のイメージが大きく変わることになります。

考古学界の重鎮で、関東を拠点としている大塚初重氏まで、断定はできないとしながらも、箸墓古墳について、「女王卑弥呼の墓である可能性は現段階では高いと思う」(『邪馬台国をとらえなおす』)と発言しており、古墳研究の第一人者である白石太一郎氏も同様の見解を示しています。

巻向駅をふくむ桜井市の東西二キロ、南北一・五キロのエリア。そこには箸墓古墳をはじめとするいくつかの古墳があり、二世紀末から四世紀半ばにかけて多くの人が活動していた痕跡があります。この一帯は纒向《まきむく》遺跡と命名され、広域的な発掘調査がつづいています。二〇〇九年、纒向遺跡エリアの一画で、大型建物群の痕跡が明らかになり、卑弥呼の王宮ではないかという騒ぎとなりました。それ以降も、新聞、テレビのニュースになるような発掘成果が相次ぎ、二〇一四年二月七日付の朝日新聞朝刊を見ると、「女王・卑弥呼が治めた邪馬台国の有力候補地とされる奈良県桜井市の纒向遺跡」という書き出しで、さらなる建物跡の発見を報じています。

こうした記事を読んだ人は、邪馬台国論争がほぼ決着したという印象をうけてしまいそうですが、纒向遺跡は邪馬台国とは無関係で、ヤマト王権の初期段階の遺跡であると主張する論者も大勢います。いずれが正解であっても、桜井市が当時の日本列島で最も繁栄した場所であるのは明らかです。

朱の山のふもとのヤマト

公的機関の地質調査総合センターから出ている「5万分の1地質図」の「吉野山」という一枚を広げると、桜井市から宇陀市にかけて、十数か所の水銀鉱山やその旧坑が書かれています。「5万分の1地質図」はネット公開されており、「地質図　吉野山」で検索すれば閲覧できます。ついでに申し添えておくと、前章でとりあげた大分県宇佐市周辺の金山は、「豊岡」という区画の地質図に出ています。

桜井市をふくむ地質図が刊行されたのは一九五八年なので、現役の水銀鉱山もいくつか記載されており、当時を知る歴史記録にもなっています。地質図の付属資料によると、桜井市の多武峰《とうのみね》水銀鉱山は大正時代の一九一二年ごろ開発され、第二次世界大戦中は当地で水銀の製造もおこなわれていました。

多武峰には藤原氏ゆかりの談山神社があり、藤原鎌足《かまたり》と中大兄皇子《なかのおおえのおうじ》（のちの天智天皇）が密談をしたことによって談山神社という社名ができたという由緒をもちます。しかし、談山神社の「談山」は「たんざん」と読むので、丹山《たんざん》すなわち「朱の山」を示すという説があります。多武峰は現在、「とうのみね」と読まれますが、古くは漢字のまま「たむのみね」という読みも見えるので、丹《たん》の峰《みね》とも解釈できます。

天智天皇、天武天皇の母親である斉明天皇のとき、多武峰に両槻宮《ふたつきのみや》という「観」を建てたという記述が日本書紀にあります。これは「道観」すなわち道教寺院ではないかという説を大正時代の歴史学者が唱えています。道教の柱である神秘医学において、朱・水銀は最も重要な物質であるのですから、朱産地の多武峰に道教寺院があったという説には説得力があります。

朱産地である多武峰のふもとはヤマト王権の発祥地であるとともに、邪馬台国の候補地でもあります。ヤマトと邪馬台国。共通するのは「やま」という言葉です。山のある所だ

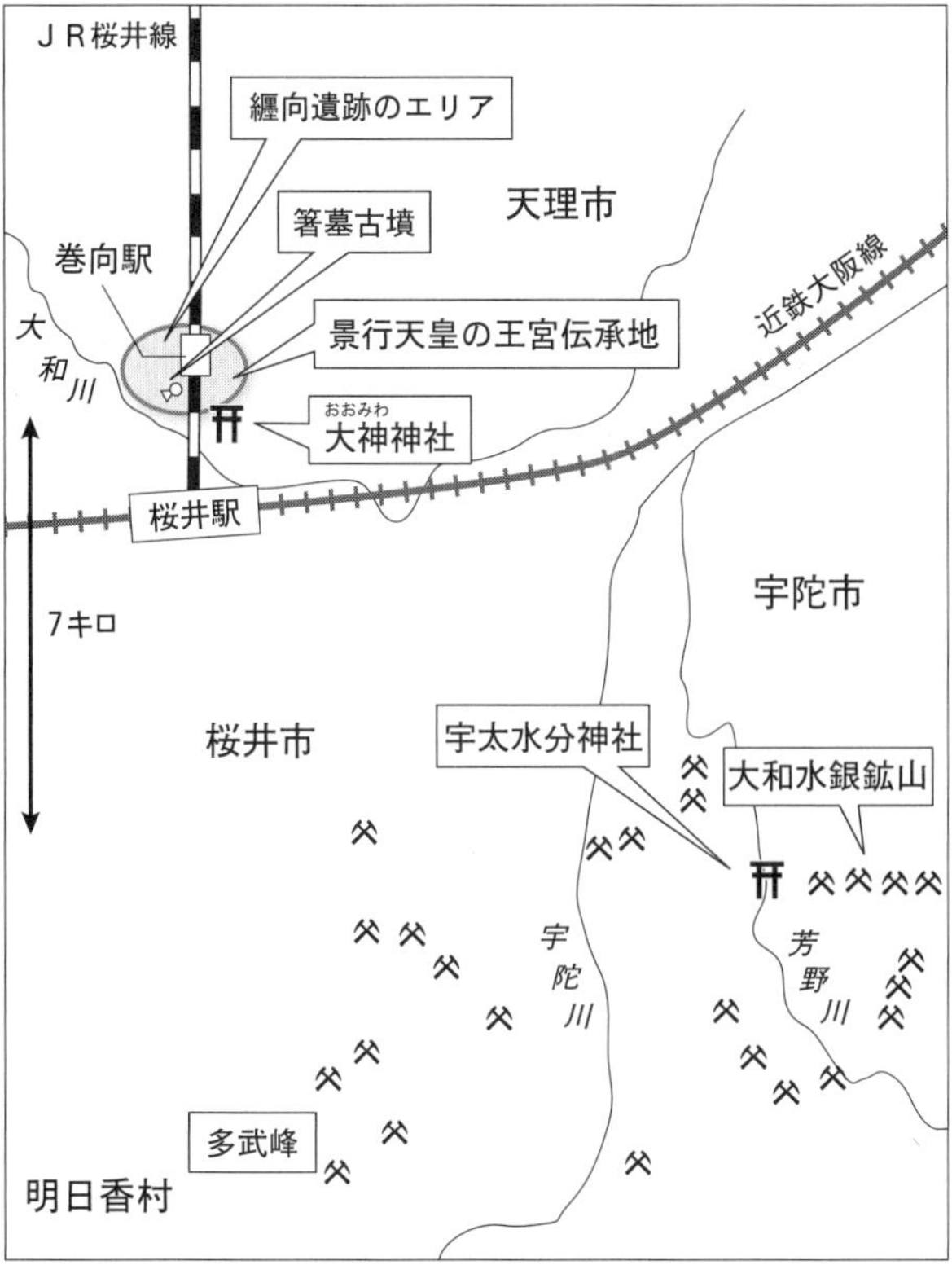

図4　ヤマト王権の発祥地と朱産地

注１『日本地方鉱床誌　近畿地方』「近畿地方の水銀鉱床の分布図」をもとに作図。
注２　⚒のマークは朱（水銀）鉱山の跡。

から山処《やまと》、山への入り口だから山門《やまと》、ヤマトの語源としてはいくつかの説がありますが、その山はありふれた山ではなく、はかりしれない富をもたらす「朱の山」であった——という歴史を本稿では考えようとしています。

前方後円墳の異常な大きさ

以前、経済記者として新聞記事を書いていたからでしょうか、歴史関係の取材をしているときも、コストとか予算的な裏付けというあたりが気になってしまいます。ビジネスにかかわる方も、行政機関で予算づくりに苦労している方も同じでしょうが、巨大な古墳を見て、いったい、どれくらいのコストが投じられたのだろう、そのコストに見合う効果とは何だったのだろう、そんな疑問をいだかれる人は少なくないとおもいます。

三世紀、奈良県桜井市で出現した前方後円墳は各地に広がり、河内地方に最大規模の古墳を出現させています。仁徳陵《にんとくりよう》古墳（大阪府堺市、全長四八六メートル。宮内庁による近年の測量では五二五メートル）は、中国の始皇帝陵（全長三五〇メートル）、エジプトのクフ王のピラミッド（全長二三〇メートル）とともに世界三大墳墓ともいうそうです。朝鮮半島にも同じような土を盛った古墳がありますが、全長一二〇メートルの王墓が最大クラスなので、日本の古墳のランキングで百位に入ることもできません。「日本の古墳の異常ともいえる規模の大きさ」（白石太一郎『古墳とヤマト政権』）、それ自体が謎となっています。

古墳文化は東北から九州南部にまで広がっており、前方後円墳だけで五千基ほどもあります。この量的な規模も世界的に特異な現象であるそうですが、伝統的な解釈は、ヤマト王権の大王（天皇）をトップとする有力者の序列が、全国各地の前方後円墳の大きさによって可視化されているというものです。

国立歴史民俗博物館の企画展示をまとめた『世界の眼でみる古墳文化』（二〇一八年）によると、侵略や地域間の戦闘の絶えなかった古代の朝鮮半島と比較すると、古墳時代の日本列島には、山城や都市を囲む城壁などの軍事施設がほとんどないという特徴があるといいます。海に囲まれた地理的な恩恵によって、軍事費を浪費する必要がなく、その経済的な余裕が、古墳の巨大化をもたらしたという説が示されています。

すこし古い話ですが、ゼネコンの大林組が一九八五年に実施した復元実験によって、仁徳陵古墳を古代の工法で造営すれば、総工費は七百九十六億円であると推計されています。五世紀当時の経済規模も所得水準も不明なのでどう評価していいのかわかりません。比較対照できる資料がないかと探してみたところ、超長期経済の専門家として著名な経済学者アンガス・マディソン氏の『世界経済2000年史』に、西暦一年（弥生時代）と一〇〇〇年（平安時代）の日本のGDP（国内総生産）がそれぞれ十二億ドル、三十二億ドルと試算されていました。農業生産性にもとづく試算であるようです。

仁徳陵古墳がつくられたのは五世紀ですから、この中間値より少しすくない二十億ドルくらいということにして、学問的には許されないことですが、話を単純化するため、一ドル百円で計算すると、五世紀の日本のGDPは二千億円ということになります。仁徳陵古墳の予算規模はGDPの三分の一を超えてしまうので、いくらなんでもありえない数値です。あまりにもアバウトな計算ですが、古墳時代には、私たちの知らない〝隠し財源〟があるのではという疑念は募ります。

古墳時代の豊かさは、前方後円墳の内部をみることでより鮮明となります。おびただしい数の銅鏡、宝玉で装飾した剣、黄金の装身具や馬具、宝石をちりばめた死装束。こうした豪華な副葬品は時代や場所によっても違っていますし、そのすべてが輸入されたわけではありませんが、舶来文化の華やかさに充ちています。古墳時代の日本人は、いったい、どのような手段で、豪華な舶来品を入手したのでしょうか。

諸説あるなかのひとつに、いくつもの小国が分立して争乱期にあった朝鮮半島の国々への軍事支援をおこない、その見返りとして、宝物類や最新の技術など貴重な文物を入手したという説があります。言葉は悪いですが、全国各地の人たちが一種の「傭兵ビジネス」によって荒稼ぎしたことで、古墳時代の日本はうるおっていたという解釈です。五世紀以降の古墳には武器や馬具などの副葬品が目立っており、仁徳陵古墳をはじめとする巨大な古墳の造営が、「傭兵ビジネス」に依存していた状況証拠はそろっています。古墳造営のエンジンのひとつであった可能性は高いとおもうのですが、前方後円墳の出現期よりすこしあとの時代のようなので、本稿ではここで触れるだけにしておきます。

古墳時代の豊かさの背景に、海外との貿易を想定する場合、交換財（輸出品）が問題となります。これについては、人間（兵士、奴隷）、米、魚介類、翡翠などの宝玉、木材、船など諸説がありますが、『古代日本謎の四世紀』において、朝鮮半島との交流史の専門家でもある上垣外憲一氏は、朱が主要な交換財であると提唱しています。

古墳時代は文字文化が定着していないころなので、朱・水銀が輸出されていた記録を探すのは困難ですが、近隣諸国で日本の特産品として知られていた形跡はあります。奈良時代の八世紀のことですが、中国東北部から朝鮮半島北部を領域とした渤海《ぼっかい》から来た使者が要望したので、水銀百両（推定約四キロ）を黄金、漆などとともに贈ったという記事はその一例です（「続日本紀」宝亀八年五月）。

前出の鉱山史家、小葉田淳氏の『金銀貿易史の研究』では水銀貿易もとりあげられており、平安時代、鎌倉時代については、朝鮮、中国側の史料によって日本からの水銀輸出が実証されています。残念ながら、輸出のはじまった時期はよくわからないようです。

巨大古墳の財政的な裏付け

途方もないコストを要した巨大な前方後円墳、豪華すぎる副葬品。それ以前の弥生時代とは比較にならないほどの豊かさは、どのようにしてもたらされたのでしょうか。

先に「朱の歴史学の先人たち」の項目で紹介した鉱山事業者の武藤与四郎氏は、仁徳陵古墳をはじめとする古墳造営の財源を、朱の輸出に求めています。本稿はこの説に依拠していますが、いまのところ少数意見です。

『岩波講座日本歴史』一九七五年版の第一巻に、「古墳の形成と技術の発達」と題する考古学者の甘粕健氏の文章があります。

巨大な前方後円墳は、半乾田ないし乾田農業の開始に象徴される弥生時代後期の共同体が達成した農業生産力が生み出したところの剰余労働を全面的に収奪することによって成立したものと言えよう。

奈良盆地において、湿地帯を利用した原始的な稲作から、現代のレベルに近い水田稲作への技術革新が達成され、巨大な古墳をつくるほどの財力をもつ権力者が出現したという説です。ヤマト王権の前史として、ひところはこのあたりが教科書的な定説だったようですが、その後の実証的な稲作史の研究によって、貧しい弥生時代と豊かな古墳時代を区切るほどの技術革新はなかったという見解が示されています。

さらに、弥生時代の奈良は豊かではなかったし、技術文化の先進地でもなかったという言説さえ耳にするようになっています。その一例が鉄をめぐる議論。古代の日本は国内資源をもちいた鉄の生産技術をなかなか完成できず、古墳時代後期の六世紀くらいまで多くを朝鮮半島からの輸入に頼っていました。ですから鉄の遺物の多さは、その地域が豊富な輸入資金をもっていたことを示すバロメーターです。

その貴重な鉄の輸入ルートと、鉄にかかわる技術を独占することで、ヤマト王権は列島を支配することに成功したという説もあります。

しかし、これには強い反論があって、鉄の考古学の第一人者である村上恭通氏は『古代国家成立過程と鉄器生産』で、弥生時代末期においても奈良には鉄の遺物、遺構があまり確認できず、日本全体の鉄の輸入や生産をコントロールする能力がこの地域にあったとはとうてい信じられないと述べています。

村上氏は同書において、徳島県阿南市にある弥生時代からの朱産地をとりあげ、朱との交換によって、鉄が入手されていた状況を想定しています。朱の産業史をかんがえるうえで、これも重要な指摘です。日本列島で国内資源による鉄の生産が六世紀まで確立しなかったのは、交易によって朝鮮半島から鉄を輸入するほうが楽であり、経済的な合理性があったと考えることもできるからです。朱は貿易における交換財の有力な候補です。現代の日本で食料自給率の低さが、安全保障のうえでもモラルにおいても問題視されながら、いっこうに改善されないことと似た話かもしれません。

奈良の経済基盤は？

先ほど紹介したように、農業生産力がヤマト王権の強さの基盤だという考えが以前は支配的でした。しかし奈良県にかんする各種統計をみていると、古代の奈良に圧倒的な経済力をもつ農業国家を想定することに無理があるのではという気がしてきます。現代と古代を単純にむすびつけるのは安易だとおもわれそうですが、地理的、地質的な条件が大きく変わることはありません。奈良県の農業産出額は全都道府県のうち四十五位（二〇一五年）、下から数えて東京都、大阪府の次ですから、農業県の実態がないことは明らかです。

奈良県は大阪市、京都市など関西の大都市に近いのですから、関東でいえば、千葉、茨城県のような近郊農業にふさわしい立地条件をもっているようにみえます。それなのに、なぜ、奈良県の農業は振るわないのでしょうか。

答えははっきりしています。土地がないからです。可住地面積（総面積から林野、湖沼、河川面積を引いたもの）は全国最下位で、奈良盆地をのぞけば、水田や畑に適した土地がほとんどないということです（矢野恒太記念会『データでみる県勢』２０１８年版）。

奈良盆地は降水量が少なく、歴史的にいえば、水不足に苦しんできた土地でした。吉野川分水によってそれがほぼ解決したのは昭和三十年代だという話も聞きます。盆地の宿命とはいえ、日照時間の少なさも農業のうえでは不利な条件です。

奈良県のホテル・旅館の客室数が全国最下位であるのは問題であると奈良県知事が発言して、新聞などで報道されたこともありました。京都と並ぶ国際的な観光地であるはずなのにこの結果は、ビジネスホテルがきわめて少ないためで、製造業、商業をあわせたビジネス全般が低調であることを示しています。これも農業と同じく、土地不足が発展のネックになっているはずです。

江戸時代の大名のように米の生産量すなわち石高《こくだか》で、地域国家の力関係が決まるのであれば、弥生時代末期の奈良に、日本列島を統一するほどのパワーがあったとはおもえません。

和歌の伝統における奈良の枕詞「あおによし」を青銅と解して、奈良は銅が豊富だったから古代国家の中心たりえたという説もありました。しかし奈良盆地およびその周辺に、他の地域を圧倒するような金、銀、銅、鉄の鉱山があったという記録も伝承もありません。農業だけでなく、鉱業をふくめても、奈良がナンバー1の産地であるのは朱だけなのです。消去法によっても、「朱産地としての奈良」という視点から古代史をかんがえる価値は十分にあるはずです。

朱の時代のはじまり

本稿のテーマにおいて、古墳時代が重要であるのは、ありあまるような朱の存在が明らかにされているからです。古墳の内部の石室が赤色で塗られていたり、棺に朱砂が敷きつめられていたりする「朱の墓」の事例は多数、報告されています。先に述べたとおり、九州北部など一部の地域では弥生時代に出現していますが、全国に広がったのは古墳時代のことです。そのなかにはベンガラ（酸化鉄）の赤もありますが、古代の人たちは色合いの優劣を判定しており、高貴な身分の人とおぼしき墓は朱で彩られています。朱は最も美しい赤色として価値をもっていたことがわかります。品質を問わなければ、ベンガラは日本中のどこにでもあり、経済的な価値は乏しいものです。

有名な考古学者だった佐原真氏は『魏志倭人伝の考古学』で、「赤い色を古墳に使う風習は古墳文化のひろがりと共にひろがります。それが、六世紀前半に急激におとろえて、六世紀半ばには消え去るのです」と述べ、古墳時代が「朱の時代」であったことを強調しています。

考古学の分野では、日本と韓国の共同研究が軌道に乗っているようで、新鮮な視点による報告をみる機会が近年、増えています。山本孝文氏の『古代韓半島と倭国』もそのひとつで、朝鮮半島でも少数ながら、埋葬空間を朱によって彩る古墳があるそうです。ただしそれは、朝鮮半島で葬られた倭人あるいはその子孫の墓である可能性が高いといいます。

「朱の墓」の事例は世界各地にあるものの、日本列島の古墳時代に顕著な現象で、当然ながら、豊富な朱の産出が背景となっているはずです。

「朱の墓」を古墳時代の流行現象と解釈することもできますが、本稿では、巨大古墳の造営を可能とした財政的な裏付け、すなわち〝マネー〟としての朱を想定してみます。

これまで発掘調査がなされた古墳の内部空間のうち、最も大量の朱が確認されているのが、桜井市外山の茶臼山《ちゃうすやま》古墳です。もっとも、天皇家にかかわる墳墓として宮内庁が管理している古墳は、箸墓古墳をはじめとして考古学的な調査がなされていないので、いうなれば暫定的な一位というところです。この古墳には八十枚以上の銅鏡が埋められていたこともわかっており、これも国内最多です。茶臼山古墳は多武峰を中心に広がる朱の山のふもとにあり、山すその微高地をいかして前方後円墳が築かれています。全長二〇七メートル。古墳時代のはじまりごろの造営とされ、その大きさは天皇陵に匹敵する規模ですが、埋葬者は不明です。

高さ一・七メートルの石室は、四角い石がレンガ状につみあげられ、その全面が朱で覆われていました。一九四九年の奈良県教育委員会による調査の報告書では、「石室を構成する大小石材のすべてを全面的に多量の朱彩があって、壁面として露われない部分にまで

写真５　桜井茶臼山古墳（奈良県立橿原考古学研究所提供）

塗抹され、全く美麗にして我が国竪穴式石室の現存するものの中、最も貴重な一つとして考えられる」と熱気をおびた口調で、内部のようすを伝えています。二〇〇九年の再調査によって、石室に使用された朱は二〇〇キロを超えると推計されています。あふれかえるような朱が、古墳時代のエネルギーを象徴しています。古墳があるのは桜井駅から歩いて十五分程度の場所。石室内部を見ることはできませんが、古墳のうえを歩くことはできます。

　古墳と朱をめぐる注目すべき事例としては、巻向駅の近くにある纒向《まきむく》勝山《かつやま》古墳（桜井市東田）のそばで出土した朱塗りの板の、大量の断片を挙げることができます。考古学者らによって、前方後円墳のうえに朱塗りの建物が築かれているという驚くべき光景が予想されています。その推定が正しければ、私たちが神社建築として見なれている朱塗りの建造物が、古墳時代の桜井市に存在していたことになります。

考古学のデータでは、宇陀市の戸石・辰巳前遺跡で、朱石を磨りつぶすための石杵、石臼、朱の付着した土器などが出土しており、朱の生産遺構として認められています。出土したのは布留0式という古墳時代の最初期の指標となっている土器ですから、古墳時代の奈良で朱の生産がなされていたことは確実です（千賀久『ヤマトの王墓：桜井茶臼山古墳・メスリ山古墳』）。ただ、朱の採掘現場については解明されていません。

古墳時代は「桜井時代」

貧弱な地理的な条件を知ると、奇妙なことに見えてしまいますが、現実の歴史で起きたことは、奈良盆地に生じたヤマト王権による統一国家の樹立です。その発祥地は平城京のあった奈良市ではなく、桜井市。そこはどのような土地なのでしょうか。『最初の巨大古墳・箸墓古墳』（清水眞一）にわかりやすい説明がありました。

大和平野の東側に位置するこの扇状地形は、縄文時代には狩猟民の活動範囲として数々の遺跡・遺構が検出されている。（中略）弥生時代に入ると、この地は稲作農耕文化には適さぬ地域であったとみられ、後期後半までの遺跡がほとんど見られなくなる。

ヤマト王権の発祥地（邪馬台国の候補地）は、稲作ができないような場所であるというのです。その桜井市に箸墓古墳が出現した三世紀半ばから、六世紀（あるいは七世紀）までを古墳時代といっています。日本書紀のなかでも、伝説と現実の歴史が混交している古い時代の記述ですが、箸墓古墳が造営されたのは崇神《すじん》天皇の時代です。

朱の歴史において、崇神天皇が重要な存在であるのは、桜井市エリアに王宮をおいたと伝わる最初の天皇であるからです。『万葉集事典』（編・中西進）に奈良時代までの歴代天皇の王宮と陵墓の一覧表があるので、それをもとに桜井市域に王宮をおいた天皇をあげてみると十二人です。

もっとも天皇の王宮の多くは考古学的には未確認なので、大半は伝承地あるいは推定地です。記紀にしるされている所在地を手がかりとして地名の歴史的な推移などをふまえて推定されたものです。複数の王宮が記録されている天皇もいますが、桜井市域以外の王宮は省略しています。

十代	崇神天皇	磯城瑞籬宮《しきのみずかきのみや》	桜井市金屋
十一代	垂仁《すいにん》天皇	纒向珠城宮《まきむくのたまきのみや》	桜井市穴師《あなし》
十二代	景行《けいこう》天皇	纒向日代宮《まきむくのひしろのみや》	桜井市穴師
十七代	履中《りちゅう》天皇	磐余稚桜宮《いわれのわかざくらのみや》	桜井市池之内
二十一代	雄略《ゆうりゃく》天皇	泊瀬朝倉宮《はつせのあさくらのみや》	桜井市黒崎
二十二代	清寧《せいねい》天皇	磐余甕栗宮《いわれのみかくりのみや》	桜井市池之内
二十五代	武烈《ぶれつ》天皇	泊瀬列城宮《はつせのなみきのみや》	桜井市出雲
二十六代	継体《けいたい》天皇	磐余玉穂宮《いわれのたまほのみや》	桜井市池之内
二十九代	欽明《きんめい》天皇	磯城嶋金刺宮《しきしまのかなさしのみや》	桜井市金屋
三十代	敏達《びだつ》天皇	訳語田幸玉宮《おさださきたまのみや》	桜井市戒重《かいじゅう》
三十一代	用明《ようめい》天皇	磐余池辺又槻宮《いわれのいけのへのなみつきのみや》	桜井市阿部
三十二代	崇峻《すしゅん》天皇	倉椅柴垣宮《くらはしのしばがきのみや》	桜井市倉橋

古墳時代にかぎれば、王宮伝承地の最も多いのは桜井市です。朝廷、幕府の所在地によって、奈良時代、鎌倉時代、江戸時代というのですから、「古墳時代とは桜井時代である」と言いたいところですが、考古学的な証拠をもたない伝承地というところが弱点です。

赤い糸の伝説

奈良県の桜井市で有名な観光地は長谷寺《はせでら》と大神神社《おおみわ》。天皇の王宮リストでいえば、雄略天皇、武烈天皇が長谷寺のあるエリアで、景行天皇、垂仁天皇の王宮のあったとされる穴師は大神神社《おおみわ》から近いところにあります。

大神神社《おおみわ》は三輪山《みわ》（四六七メートル）をご神体とし、本殿をもたず、山に向かう拝殿があるだけで、古代の神社の構造を伝えています。崇神天皇の治世のこととして、大神神社《おおみわ》の創始をめぐる物語が記紀に書かれています。

疫病がひろがり、人民が死に絶えようとしたとき、崇神天皇の夢のなかに、神があらわれた。疫病はわが祟りであり、オオタタネコという者に祀らせれば、病の流行は終息し、国は安らかになるだろう。神がそう告げたので、河内国にいたその人が呼び寄せられ、疫病を鎮静させることができた。オオタタネコは三輪の社の神官となり、その子孫の三輪氏がそれを世襲した——という内容で、三輪氏という一族の系譜伝承にもなっています。

話の筋は病気の蔓延とその終息なので、伝承の類型としては〝医学系〟です。大神《おおみわ》神社の境内を見わたすと、薬井戸という聖地があり、毎年四月におこなわれる鎮花祭《はなしずめのまつり》は、関西の医薬業界の関係者が参列する「薬まつり」としても知られています。この逸話が注目されるのは、朱・水銀には消毒をはじめとして、薬としての実用的な価値があることが古代から知られていたからです。水銀をつかった赤チン（マーキュロクロム液）はつい最近まで家庭の常備薬でしたし、朱には現在でも漢方薬の素材としての実需があります。

古事記ではそれにつづけて、オオタタネコの先祖である活玉依姫《いくたまよりひめ》の逸話として「赤い糸」の伝説がでています。これも本稿のテーマにとって看過できない内容です。

活玉依姫のもとに美形の男が毎夜、訪れるようになり、まもなく懐妊した。両親が問いただしたところ、姫は男の名も身分も知らないと答える。そこで両親は男の正体を確かめようと、「赤土」を寝床のそばに置き、麻糸を男の着物にむすぶように娘に伝えた。糸が赤土で染まって、その赤い糸を追ってゆけば男の家がわかるという目論みで、糸をたどっていくと、それは三輪山の神の社へと消えていた。それで男の正体をこの山に住む神だと知った――という三輪の神（大物主神《おおものぬしのかみ》）の発見をめぐる物語です。

まず、赤土が朱を暗示しています。大神《おおみわ》神社のご神体である三輪山に朱をはじめ有用鉱物の鉱床は確認されていませんが、赤い糸をたどって三輪の神を見出すという物語は、地表に見えるわずかな赤色の露頭を手がかりとして鉱床を探る営みと重なるイメージです。

大神《おおみわ》神社の参道の二の鳥居の近くにオオタタネコを祭神とする大直禰子《おおたたねこ》神社があります。その境内に「御誕生所社」という摂社があり、「誕生石」が祀られています。表面的には安産信仰しか見えませんが、御誕生所社の「誕生」についても、丹生《たんじょう》とのかかわりを検討する必要があります。大直禰子神社の隣地に、安産信仰の子安地蔵があることも参考情報です。

「朱の長者」がいた？

大神《おおみわ》神社は、古代の道の流れをくむ「山辺の道」に沿っており、拝殿に向かって、左（北）に向かう道を三十分ほどゆくと、景行天皇の王宮伝承地である穴師の集落に至ります。穴師からすこし進むと、山辺の道に沿って景行天皇の陵墓として管理されている渋谷向山《しぶたにむかいやま》古墳があります。全長三〇〇メートル。箸墓古墳よりひとまわり大きいこの前方後円墳は、古墳時代の前期にあたる三、四世紀の古墳のなかでは全国一位の大きさ。天皇陵なので発掘調査はなされていませんが、近隣には四〇キロ以上の朱が出土した大和天《やまとてん》神山《じんやま》古墳、三十三面の三角縁神獣鏡《さんかくえんしんじゅうきょう》が出土した黒塚古墳があり、すさまじい富の片鱗がうかがえます。黒塚古墳に付設する展示館では赤い墓が再現されています。

景行天皇についても実在の人物かどうかの議論はありますが、四世紀ごろのこの地に巨大古墳を築く財力があったことはまぎれもない事実。この章の後半、景行天皇に主役をつとめていただくのは、巨大古墳の背景にある経済力にフォーカスするためです。

古事記のなかの景行天皇は、実子であるヤマトタケルの強さを警戒し、過酷な遠征を強いる、すこし意地悪なお父さんという設定ですが、日本書紀では自ら九州に遠征し、熊襲《くまそ》や土蜘蛛と戦う勇ましい天皇として描かれています。ヤマトタケルの派遣、天皇自身の遠征が史実かどうかは別としても、ヤマト王権が日本列島の統一をすすめる時代の、政治的、軍事的な動向が物語の背景にあると一般には解釈されています。軍事行動のようにみえる景行天皇とヤマトタケルの物語を、朱の産業史として読み解くことができるかどうか。そこにポイントを置いて、二人についての記述を見てゆきます。

景行天皇とその父親の垂仁《すいにん》天皇の王宮伝承地は、盆地を一望できる桜井市穴師の高台にありますが、考古学的な裏付けがないためか、ささやかな説明パネルのほか観光的なアピールはありません。巨大な古墳。大量の銅鏡。朱に満ちた埋葬空間。繁栄の気配が充満しているエリアですが、穴師の王宮伝承地のまわりを歩いても、柿畑のある穏やかな農村風景しか目に入りません。

穴師について調べたところ、気になる情報がふたつありました。ひとつは穴師地区に「入谷《にゅうだに》」という小字地名があること（『大三輪町史』）。宇陀市にも入谷《にゅうだに》という地名があり、そのあたりは国内最大の朱産地であるのですから要注意です。もうひとつの情報は、江戸寛政年間に刊行された地誌『大和名所図会』が、垂仁天皇（景行天皇の父）の王宮「珠城《たまきの》宮《みや》」について、「穴師村の西にあり。俗に長者屋敷といふ」と記していることです。古来、富裕層のなかでも最たる人のことを長者といいました。

単純に足し算をすると、穴師に「朱の長者」がいたという話になります。このような連想が導かれるのは、九州最大の朱産地である大分県に有名な長者伝説があり、朱産地とのかかわりが議論されているからです。しかも、穴師集落の近くの大神《おおみわ》神社がその長者物語の発端になっているのです。

奈良と大分を結ぶ伝承

朱産地を示唆する丹生《にゅう》という地名は、千葉県南房総市にもあり、丹生氏の族長とされる「まなご長者」の伝説にかかわるこのような歌が伝わっています。

　朝日さす　夕日輝く　諸の木の下に　黄金千ばい　朱がめ千ばい

「朝日さす　夕日輝く」の出だしをもつ伝承歌は全国各地にあり、戦国大名などの埋蔵金伝説あるいは古墳の盗掘にまつわる歌という説もあります。古墳の埋葬空間に敷きつめられている朱砂は、金製品とともに盗掘者のターゲットだったからです。盗掘の被害状況からみても、朱には金、銀に匹敵する貨幣的な価値があったことがわかります。

金の鉱床には朱がともなうことが多いのですから、本稿では、「朝日さす　夕日輝く」の背景を、朱と金の鉱床探索と考えてみます。

柳田國男が「炭焼小五郎が事」でとりあげていることもあって、長者伝説のうちとくに有名なのは大分県を舞台とする真名野《まなの》長者伝説です。大分県臼杵《うすき》市にある伝承地を取材に訪れたとき、ほとんど同じ内容の「朝日さす　夕日輝く」の歌を地元の人から教えてもらいました。いくつかの写本があり、すこしずつ内容が異なりますが、粗筋は以下のようなものです。

ある高貴な家柄の女性は、美しい顔立ちであるのに、顔に黒い痣《あざ》があるばかりに良縁に恵まれず、三輪の神社（大神《おおみわ》神社）に毎日、参詣して祈ったところ、九州の豊後国（大分県）で炭焼きをしている小五郎という男と夫婦になれば、万事、うまくゆくというお告げをうける。それに従い、奈良から九州に下り、その男と結婚した。顔の痣は消え、夫婦は大金持ちとなり、生まれた娘はやがて絶世の美女に。その並外れた財力は朝鮮半島にも聞こえ、宝物を積んだ商船が往来するようになる。中国の皇帝からは娘の姿を絵に描いて届けるようにとの依頼が来る。奈良の都でも評判となり、欽明天皇の皇子がひそかに都を抜け出し、娘との結婚を申し込みに来た。娘は結婚のため奈良へ向かうが、その途中の山口県柳井市あたりで、水難事故で死んでしまう。娘の死を弔うため、長者は岩崖に仏像を彫らせた。それが臼杵市（別説では大分県豊後大野市三重町）の石仏群で、この皇子はのちの用明天皇である——とワールドワイドな物語が展開されています。

臼杵市には国宝に指定されている石仏群があり、そばに真名野長者の創始と伝わる満月寺があります。観光地としても有名ですが、石仏そのものは平安時代から鎌倉時代の作とされているので、聖徳太子の父親である用明天皇が登場する伝説の内容とは一致しません。伝説そのものも荒唐無稽ですが、地元研究者によって、伝説の背景には、朱の採掘、水銀の製造による繁栄の記憶があるとする説が提示されています。石仏群に最寄りのJR臼杵駅のそばに丹生島《にうじま》の地名があり、当地は古代の朱産地と見なされているからです。顔の痣が消えたのは白粉《おしろい》の効果と見なすことができ、水銀は白粉の主原料ですから、これも根拠とされています（大波多海ほか『臼杵石仏地域の民俗』）。

本稿のテーマにおいては、「奈良と大分という二大朱産地を舞台としていること」「大神《おおみわ》神社がかかわること」「天皇の子息が登場すること」の三点が注目されます。

石仏群のある臼杵市のほか大分市の一部などをふくむエリアは、古くから海部郡《あまのこおり》とよばれ、奈良時代に編纂された「豊後国風土記」には、海部郡の丹生郷《にふのさと》では、「昔、山の砂を取って朱砂とした」という記事が出ています。各地の風土記のうち、朱産地の記事はこれだけですから、大分県が有力な朱産地であったことの証です。

海部郡とは、海部《あまべ》とよばれた海洋民の居住地であったことに由来します。古代の海部は単なる漁民ではなく、商業者としての性格を色濃くもっています。舟に朱を塗布することは防腐の効果があるので、海部自身が朱の利用者でもあったはずです。

風土記にある丹生郷と目されているのは、大分市佐野の丹生神社のあるエリアです。丹生神社のすぐ近くに、丹生川が流れています。いまは護岸工事によってありふれた川の光景になっていますが、大分在住の地質学者の野田雅之氏は、上流にあたる赤迫池の近くで朱の鉱脈と採掘の痕跡を確認しています（『大分地質学会誌』二〇〇七年号所収「豊後の国丹生の郷に古代水銀朱を追う」）。

丹生神社から四十分ちょっと歩くと、亀塚古墳に着きます。全長一一五メートル、大分県内では最大の前方後円墳です。葺き石を敷きつめて美しく修復され、「海部《あまべ》古墳資料館」が付設されています。墳丘の上に登ってみると、そこから見えるのはわずか一キロほど北にある海の光景。朱を荷積みした船が、大陸とこの地を往来していた歴史を想像してしまいます。

海の民の古墳

森浩一氏は考古学者としては珍しく、記紀の神話に深い関心をもっていた人ですが、『日本神話の考古学』で亀塚古墳をはじめとする前方後円墳の集まる、大分県のこのエリアが、「ある短期間、異常なほど繁栄した土地」であると述べたうえで、こうつづけています。

五世紀を中心にして目をみはるような勢いでの古墳の造営がおこなわれている。だが、古代に重要性を発揮したと推定される港を、この地域に指摘することはできないのである。

たしかに海には近いとはいえ、天然の良港とはいえない地形です。航海民の居住エリアができたのには、何か別の原因があるはずだ――それが森氏の問題提起ですが、本稿では朱を採掘し、交易によって繁栄した歴史を想定します。

森氏の論考が興味ぶかいのは、海部郡の航海民を、神武天皇の東征伝説に登場する珍彦《うずひこ》（椎根津彦《しいねつひこ》）にむすびつけていることです。珍彦は神武天皇の軍団の水先案内人として登場する人（神？）ですが、日本書紀では日向を出立し、大分県の宇佐に着くまでのあいだの出来事なので、地理的な関係でいえば、海部郡あたりは当てはまります。ただし、古事記では兵庫県の明石海峡を想定した文面となっています。

珍彦は、第二章でとりあげた奈良の丹生という土地における戦勝占いの場面に、神武天皇の祭祀（朱を水銀に変化させる技術？）を補助するスタッフとして登場しており、奈良においても朱産地との接点があります。倭直《やまとのあたい》（倭国造）という奈良県天理市あたりを拠点とした古代氏族が、珍彦を始祖と仰いでいます。

これに関して申し添えておきたいのは、「魏志倭人伝」の末盧国《まつらこく》と重なる松浦地方には、中世、松浦党《まつらとう》と呼ばれる商業的な武士団が発生し、倭寇としての悪名ものこしていることです。松浦党については血縁よりも、地縁、職縁がつよいともいわれますが、本家筋とされる一族は、佐世保市相浦を拠点としていました。第一章でとりあげた自然水銀鉱山のあるところです。

大分県の海部郡の海人集団、珍彦、松浦党。ここにあげた海の民の背後には、古代の朱産地が見えます。日本列島における朱の産業が、海外との交易を柱としていたことと関係するのではないでしょうか。

朱砂と三輪素麺

大分県の真名野長者をふまえ、奈良の穴師の長者伝説が朱の歴史にむすびつくシナリオを思い描いてみると、穴師川の存在に視線がひきよせられます。穴師は古代の文献によく見る地名ですが、万葉集に柿本人麻呂の作とされる歌があります。

巻向《まきむく》の　痛足《あなし》の川ゆ　往く水の　絶ゆること無く　またかへり見む　（作品番号1100）

穴師を流れる川は穴師川（痛足川《あなし》）とも巻向川《まきむく》とも呼ばれ、江戸時代以降の産業史においては、水流を動力とする製粉で知られています。水車が立ち並んだ風景から「車谷《くるまたに》」の地名を今にのこしており、水車で挽いた粉をいかした三輪素麺《みわそうめん》は地場産業として成長しました。明治時代、水力をいかした紡績事業が模索されたこともあります。

川の流れを動力とする技術史において、食用の製粉とともに重要なのが、石を砕いて土状、砂状の微粒子とする作業です。穴師に朱の産業にかかわる歴史があったとすれば、それは朱石を砕いて朱砂とする作業拠点としてではないでしょうか。こうした考えはことさら目新しいものではなく、水車を利用して、鉄鉱石を粉砕して砂鉄をつくっていたという説を唱えた人がいます。穴師という地名は「穴」が採掘作業や坑道を連想させるので、鉱山や鍛冶とむすびつけた議論があるのです。

日本で水車が普及するのは江戸時代以降ですが、それよりまえ、ずっとシンプルな餅つきの杵と臼のような水力の粉砕装置がありました。添水唐碓《そうずからうす》（臼）と呼ばれるものです。

以前、大分県日田市にある小鹿田焼《おんた》というやきものの産地に行ったとき、川の流れを利用した添水唐碓を見たことがあります。児童公園にある遊具のシーソーよりすこし小さいくらいの木杵が、これまた巨大な臼のなかの石を砕く作業を無人でこなしています。粘り気のもとであるケイ素を多くふくんだ石なので、水分を加えて寝かしておくと、やきもの用の粘土になるのです。

家族連れで来ていた観光客もいたのですが、三歳くらいの男の子が顔をこわばらせて大泣きしていました。巨大な木の装置が無人で動きつづける光景に、見えない魔物の存在でも感じたのでしょうか。小鹿田は江戸時代からの日用雑器の産地ですが、民芸運動の柳宗《むね》悦《よし》、その盟友である陶芸家バーナード・リーチが滞在したこともあって、内外に広く紹介されました。水力による粉砕装置は産地のシンボルとなっており、それにちなんだ「唐臼《からうす》祭」というイベントもおこなわれています。

奈良の穴師に朱石の粉砕拠点を想定したくなるもうひとつの理由は、景行天皇の子であるヤマトタケル兄弟の名前です。ヤマトタケルの幼少時の名を小碓《おうす》といい、双子の兄を大《おお》碓《うす》といいます。景行天皇は出産の直後、双子をみて驚き、「碓《うす》」に向かって雄叫びをあげたので、大碓、小碓の名が決まったという意味不明の話が、日本書紀に書かれています。もし、穴師川に小鹿田焼の産地と同じような粉砕装置、すなわち唐碓（からうす）があり、朱石を砕いていたとしたら、ヤマトタケルは小碓（おうす）の名によって朱とむすびつくことになります。穴師は景行天皇の王宮伝承地ですから、その実子とされるヤマトタケルの生誕地あるいは生育地であると見なすこともできるからです。

　車谷からしばらく下った穴師川のそばに、卑弥呼の墓という説のある箸墓古墳があり、このあたりに「箸中長者」がいたという伝承があります。江戸時代の『大和名所図会』に出ていますが、テレビアニメの「まんが日本昔ばなし」でもとりあげられています。

　使いきれないほどの財産をもった大金持ちがこの地に住んでいて、毎日、箸を捨てては新しい箸を買ったので、箸が積もって箸の塚ができたという内容です。たわいもない昔話のようですが、穴師川にそって二つの長者伝説があるのは偶然とはおもえません。しかも、ひとつは景行天皇、垂仁天皇の王宮伝承地の穴師、もうひとつは「卑弥呼の墓」ではないかと議論になっている箸墓古墳のそばです。

　箸中長者は、地場産業の「素麺長者」であってもいいのですが、素麺製造によって使いきれないほどの財産がもたらされるものでしょうか。一方で、大分の真名野長者伝説は、朱の採掘と輸出による桁外れの財力を示唆しています。

もし、穴師川にそって、〝朱の長者〟がいたとしたら、穴師に王宮があったと伝わる景行天皇、垂仁天皇を支える勢力であったかもしれませんが、天皇その人が長者であったことも想定しうることです。景行天皇には朱の探索者めいたところがあり、真名野長者の伝説をなぞるように、穴師の王宮から大分県に赴いているからです。

秩父帯と朱の鉱床

日本書紀によると、景行天皇はその治世の十二年目、九州に向けて遠征を開始します。それから七年間も九州に滞在しているのですから、史実であれば、奈良の都での政治はどうなっていたのか心配になります。この点をはじめとして、この遠征記事にはとても奇妙な感触があるのですが、面的な広がりをもつ九州の朱産地を思いおこしながら、その謎を検討してみます。

九州の福岡県に上陸した景行天皇はそのあと、大分、宮崎、熊本、長崎など各県を行軍しています。九州遠征の激戦地のひとつが大分県の山岳地帯で、相手は土蜘蛛の集団。そもそも土蜘蛛とは何者なのかという問題があるのですが、それは後ほど考察します。

この土蜘蛛との戦いの記録は、日本書紀において、「血田」という地名の発祥譚となっています。

山を穿《うか》ち草を排《はら》ひ、石室《いはむろ》の土蜘蛛を襲ひて、稲葉の川上に破り、悉《ことごとく》に其の党を殺す。血流れて踝《つぶなぎ》に至る。（中略）血の流れし処を血田と曰《い》ふ。

『丹生の研究』で指摘されていることですが、敵役《かたきやく》がちがうだけで、第二章でとりあげた神武天皇の行軍における「血原」の話とまったく同じ内容です。血原のエピソードは最大の朱産地である奈良県宇陀市を舞台とし、「血」は朱の鉱物の色を暗示しているのですから、血田についても同じ背景を推定できます。

血田の場所については、日本書紀の記述をもとに、大分県でも内陸部の竹田市から豊後大野市あたりと推察されており、豊後大野市の知田《ちた》という地名も候補地になっています。豊後大野市には、金山、マンガン鉱山があり、古代の朱産地と想定できる地域です。さらに、同市三重町のニッケル鉱山では朱が採掘された記録があるので、朱の存在は確実です。三重町にも石仏群があり、真名野長者伝説のもうひとつの伝承地ですから、ここでも朱の鉱床と長者伝説が交差しています。

先に申し上げたとおり、マンガン地帯で朱が見つかる事例は全国各地で報告されていますが、古代の朱産地として、どれくらいの広がりをもち、どのような採取の実態があったのかは不詳です。これは推測ですが、熱水鉱床として形成された朱産地（近代においては水銀鉱山、金山）のほうが、凝集度が高く、優良な鉱床ですから、先に掘りつくされてしまい、仕方なく、マンガン地帯が採掘のターゲットになったのかもしれません。

大分県でいえば、千怒マンガン鉱山（津久見市）、因尾マンガン鉱山（佐伯市）で、朱だけでなく、自然水銀も確認されています（野田雅之「東九州秩父帯に分布する層状マンガン鉱床の特性とその成因について」）。

採掘の道具、技術がレベルアップすることで、いったん放棄された鉱床が復活するということは、西欧から鉱山技術が導入された明治以降の金山、銀山、水銀鉱山でも生じたことです。神武天皇の東征とは正反対に、奈良から九州に向かった景行天皇の遠征を、そうした再開発の試みとして解釈することもできるとおもいます。景行天皇みずから九州に赴いた可能性はゼロではないでしょうが、景行天皇時代の探索と採掘というくらいに考えることで、リアリティは高まるはずです。

九州のマンガン地帯は、地質図のうえでは大分県から熊本県にかけて九州を斜めに横断する「秩父帯」と重なります。秩父帯とは、九州から四国、紀伊半島を経て、関東につづき、埼玉県秩父地方に指標地をもつ地質学上の区分です。何億年もまえの海底が陸地化しているそうです。古代朱産地の遺跡が発見されている徳島県阿南市も、秩父帯と重なっています。

ところで、埼玉県の秩父地方では国内ではじめて自然銅が発見され、七〇八年を和銅元年とする年号が立てられています。昭和期には多くのマンガン鉱山が稼行しており、序章で紹介した南教授の朱産地リストによると、秩父市および隣接の飯能市に朱をともなうマンガン鉱山があります。秩父地方で現在、採掘されているのはセメント原料の石灰石くらいですが、金銀銅をふくめ多様な鉱物資源があり、首都圏では最大の鉱山地帯です。『丹生の研究』によると、埼玉県には丹生神社が二十二社（廃社もふくむ）もあり、和歌山県に次いで二番目に多い県です。丹生神社の多さは、日本列島を横断する「秩父帯」が朱の採掘地であったことを示唆しています。平安、鎌倉時代になると、秩父地方を中心に「丹党《たんとう》」と称する武士団の活動が記録にみえます。伝来の系譜によると、この一族は丹生武信を始祖とし、丹生神社にかかわっているので、朱の鉱床を追って埼玉に至った人たちの末裔であるのかもしれません。

滋賀にあった二つの王宮

日本書紀によると、景行天皇は最晩年の三年間、近江国志賀の高穴穂宮《たかあなほのみや》（伝承地は滋賀県大津市穴太《あのう》）に王宮を移しています。どれほどの史実をふくんでいるのか不明ですが、文字どおりに理解すれば、奈良県から滋賀県への遷都であり、景行、成務天皇の二代、解釈によっては仲哀天皇をふくめ三代の皇居です。

この章のテーマにおいては、滋賀県がマンガン地帯であることを無視できません。滋賀県のなかでも、王宮伝承地である大津市はマンガン鉱山の集積地で、二十か所くらいの記録があり、久間多賀《くまたが》鉱山では朱の存在が報告されています。奈良県桜井市穴師と滋賀県大津市穴太。景行天皇のふたつの王宮伝承地に「穴」がついているのも偶然とはおもえません。

私は以前、京阪石山坂本線の穴太《あのお》駅ちかくの王宮伝承地に立ち寄ったことがあるのですが、王宮があったことを記した顕彰碑のあるあたりは雑草が生い茂っており、地元の人たちも王宮伝説をもてあましている雰囲気を感じました。ちなみに、このあたりは戦国時代の城作りで活躍した穴太衆《あのうしゅう》という石工集団のゆかりの地でもあります。

景行天皇の時代からは数百年あとのことですが、六六七年に天智天皇は奈良の飛鳥から近江の大津宮に都を遷《うつ》しました。こちらについては発掘調査によって大津市錦織《にしこおり》であることがほぼ確定しています。この遷都も奇妙です。白村江《はくすきのえ》の戦いで唐と新羅の連合軍に敗北したあとなので、防衛上の理由があげられていますが、景行天皇の王宮伝承地と、天智天皇の皇居は歩いても一時間ほど。無関係というには不自然なほどの近さです。

景行天皇の時代から、この地域には朱の鉱床が存在し、それが天智天皇の遷都に関係していると考えるのは、突拍子もないものでしょうか。

土蜘蛛とは何者か

先ほども述べたように、景行天皇の「血田」と同じように、神武天皇の「血原」の場面の直後にも土蜘蛛が登場します。いったい土蜘蛛とは何者なのか。なぜ、土蜘蛛は朱の伝承地とむすびつくのでしょうか。

現在の定説では、「土蜘蛛は大和朝廷に従わなかった地方の首長」（岩波書店『日本書紀』上巻）となっています。釈然としないまま資料をさがしていたところ、国文学者の山崎かおり氏の論文「上代の土蜘蛛――その宗教性を中心に」(『古代文学』55号所収)によって、記紀に出ている土蜘蛛についての〝県別人口〟を知ることができました。それによると、記紀に記載される土蜘蛛の人数は十二人で、うちわけは大分県五人、奈良県四人、福岡県二人、長崎県一人となっています。土蜘蛛の〝人口分布〟は、奈良と九州という二大朱産地と完全に一致しています。

「風土記」で土蜘蛛が登場する記事の数をみると、肥前国(長崎、佐賀県)が十一件、豊後国(大分県)が八件で、あとは茨城県の二件が最も多いくらいで、やはり九州に集中しています。奈良県は都だったので、「風土記」はつくられていません。「出雲国風土記」は完本が伝わっていますが、土蜘蛛の姿は見えません。出雲に朱産地がないことと整合的です。

福岡県の土蜘蛛は、山門県《やまとのあがた》(みやま市瀬高町あたり)の田油津姫《たぶらつひめ》。山門県は邪馬台国の候補地として有名ですが、先に申し上げたとおり、朱の製造遺跡が見つかっており、ここでも朱と土蜘蛛は重なっています。明治時代の東京帝国大学教授、星野恒は、田油津姫の先代が卑弥呼であるとしています。

「大和朝廷に従わなかった地方の首長」という説が正しければ、朝廷のあった近畿から遠い関東、東北には土蜘蛛が割拠していそうですが、「風土記」の記述をふくめてもごくわずかです。記紀、「風土記」に登場する名前をもつ土蜘蛛は合計して五十人ほどですが、田油津姫をはじめとして、十人くらい女性の土蜘蛛がいることも、朝廷への軍事的な敵対者とかんがえるには不都合なデータです。

大地にひろがる赤い糸

蜘蛛からイメージされるのは、細い糸であり、蜘蛛の巣です。土蜘蛛とは、地中のなかにひろがる赤い糸、すなわち、朱の鉱脈そのものだと仮定すると、一連の話の辻褄が合うようにおもえます。

徳島県立博物館を取材で訪ねたとき、倉庫に保管されている当地の朱石を見せてもらったのですが、白っぽい岩に朱の線が走った標本がありました。まさしく赤い糸です。朱を採掘していた各地の鉱山はすべて封印されており、中のようすを見る機会は得られなかったのですが、「地下では幅数ミリから数十センチの鉱脈が網目のようになって続く」（西田史朗『奈良の地学』）という光景が広がっているといいます。この赤い網目こそ、土蜘蛛のはき出す蜘蛛の糸ではないでしょうか。

じつは土蜘蛛が朱と関係しているという説は以前からあって、大分県、奈良県の双方で地元研究者によって指摘されています。土蜘蛛は先住していた朱の採掘者で、ヤマト王権がその利権を奪ったというものです。

九州南部の隼人、東北地方の蝦夷については、ヤマト王権と戦った先住者として文献に記録され、その子孫が実在しているのに対し、奈良や九州の土蜘蛛については、子孫の痕跡がまったく見えないことから、神話的な色彩が濃い伝承とされています。土蜘蛛が歴史的な実在性をもつのか、それとも神話的なキャラクターであるのかは議論の分かれるところですが、その命名の由来は大地に広がる赤い糸であったとおもうのです。

徳島県阿南市にある朱の生産遺跡の発見者、常松卓三氏は、朱の鉱脈は「石灰岩に含まれるわずか数ミリの層」であり、「それを見出す為には、一山焼き払うということも行われたであろう」と述べています（徳島県立博物館編『辰砂生産遺跡の調査』）。

朱の鉱脈探しが、地表を隠している草を取り除くところから始まったとすると、景行天皇の軍団が土蜘蛛と戦う場面の「山を穿ち草を排ひ」と共通する絵柄です。もし、リアルな戦闘であったなら、穴を掘ったり、草を刈ったりする必要性などないはずです。

臼杵市教育委員会が編纂した『臼杵石仏地域の民俗』で報告されていることですが、大分県の真名野長者の子孫を称する一族の名字が、「草刈」であることも気になります。さらに言えば、草を刈り、朱の鉱脈を探す風景は、ヤマトタケルの「草薙《くさなぎ》の剣《つるぎ》」の伝承とむすびつく要素をもっています。

ヤマトタケルは土蜘蛛と戦う景行天皇の皇子であり、記紀にしるされた物語によると、東国に向け出陣するまえ、伊勢神宮の祭祀者で叔母のヤマト姫（倭姫《やまとひめ》）から、聖剣「草薙の剣」を授けられます。東国の在地豪族にだまされて、火を放たれ、生命の危機に陥ったとき、草薙の剣で草をなぎ払って脱出することができました。朱の視点からは、朱の探索のため、草を刈り、火で焼き、大地の表面を露出させるための作業に見えます。

ヤマトタケルの悲劇

朱・水銀にまつわる営みは日本列島に思いがけない豊かさをもたらした一方で、さまざまな悲劇をまねいたことをうかがわせる伝承があります。そのひとつとしてヤマトタケルの伝説をとりあげてみます。

ヤマトタケルについても実在の人物かどうかの議論があって、列島各地で戦った複数の武人の伝承をもとに創作された人格であるという有名な説があります。ヤマトタケルの伝説にはさまざまな要素が流れこんでいて、一筋縄ではいかないところもありますが、父親とされる景行天皇とともに朱・水銀とのかかわりが、さまざまに議論されています。ヤマトタケルの墓と伝えられる前方後円墳は、大阪府羽曳野《はびきの》市をふくめ複数か所に存在します。ヤマトタケル伝説の背景をなすのは古墳時代であり、朱の採掘の最盛期ですから、朱・水銀とのむすびつきは時間軸のうえでは整合的です。

物語のうえで、ヤマトタケルは父親である景行天皇の指示によって西国に遠征。休む間もなく、東国各地を転戦し、その帰途、三重の県名にもなっている三重村で、「私の足は三重に折れ、ひどく疲れてしまった」と衰弱した姿をあらわにしています。

金属にまつわる民俗学を追究した谷川健一氏は『青銅の神の足跡』のなかで、三重県四日市市水沢町に江戸時代から明治時代まで朱、自然水銀の鉱山があったことを根拠として、ヤマトタケルの物語は、古代の採掘者が水銀によって健康障害を生じた記憶の反映であると述べています。

朱（硫化水銀）を加熱して硫黄を分離すると水銀となりますが、この技術が、いつ日本に伝来したか、いかなる道具によって水銀が製造されていたかなど、多くのことが、じつは判明していません。この工程を逆にして、水銀と硫黄をさまざまな比率、温度で化合させることにより、色合いのことなる多様な赤色をつくりだすことができるので、日本画、漆工芸などの分野でつかわれてきた歴史があります。

こうした人工の朱は銀朱ともいわれていますが、これも古代的な化学技術にほかなりません。近代科学によって、水銀がもっていた神秘的な魅力は失われますが、機械工業、化学産業における需要が生じ、国内鉱床の探査と再開発がすすみました。電池、電灯、体温計をはじめとする測定器。水銀は近代社会の各方面で利用される有用鉱物でした。

しかし、はかりしれない悲劇を生んだ水俣病をはじめとして、水銀の危険性は従来の想定を超えていることが明らかになってきました。水銀の利用は可能なかぎり削減する方向が定着しており、二〇一七年に発効した「水銀に関する水俣条約」によって、水銀にかかわる工業製品の製造、水銀の輸出入などを国際的に厳しく管理するルールができました。

朱塗りの漆器、仏像などの鍍金《めっき》、日本画の岩絵具。そうした伝統工芸や文化財の領域においても、従来のように本物の朱（硫化水銀）をつかい続けることができるかどうか、不透明な状況になっています。

邪馬台国（株）の本社はどこだ

本章の冒頭で提示した話題は、桜井市の箸墓《はしばか》古墳が卑弥呼の墓か否かということでした。

穴師にある景行天皇の王宮伝承地から箸墓古墳までは、歩いて三十分かからない距離ですから、大雑把にいえばほとんど同じ場所です。ほんとうにここが邪馬台国であれば、ヤマト王権の歴史と完全に重なっています。その回答は出ていませんが、纏向《まきむく》遺跡として調査のすすむこのエリアが、この時代における最大の繁栄地であることは確かです。

箸墓古墳という名の前方後円墳を卑弥呼の墓とする見解は、現時点においても仮説というべきものですが、邪馬台国が「朱の王国」であれば、最大の朱産地のお膝元に卑弥呼の墓があることは理屈にかなっています。箸墓古墳の所在地は箸中長者の伝説地でもあるのですから、卑弥呼は日本列島を代表する〝女長者〟であった可能性もあります。

しかしその一方で、「朱の王国」としての邪馬台国という仮説を考えるとき、朱の採掘よりも、その「交易」を重視するならば、邪馬台国九州説はにわかにリアリティを帯びてきます。奈良に次ぐ朱産地であることに加え、その積み出し港という重要な役割を担っていたことになるからです。

鉱床の規模としては奈良に劣るとしても、朱産地の数でいえば九州ほど多い地方はありません。輸出先である中国、朝鮮半島に近いのですから、こちらに卑弥呼の王宮があり、交易や外交を差配していたということも十分にありうる話です。朱を軸にすえた視点でも、邪馬台国は奈良であるとも、九州であるとも考えられるのです。

このように堂々巡りで、いつまでたっても結論の出ないところにこそ、邪馬台国が「朱の王国」であるという本質が表出しているのではないでしょうか。

朱の交易が邪馬台国を盟主とする連合国家の最大のミッションであったとすると、九州か奈良かという議論は、「どちらが本社で、どちらが筆頭の事業本部か」という程度の問題であるともいえます。鉱床の規模においては奈良に絶対的な優位がありますが、地の利においては九州に分があります。三井三池炭鉱をはじめ九州は北海道と並ぶ炭鉱地帯でしたが、三井鉱山株式会社の本社は東京にあったことを見ても、大産地だから本社があるとはかぎりません。

さらにいえば、その時々の状況によって、本社が移転することは、今日の企業活動においてもしばしば起きていることです。朱の採掘と交易にかかわった人たちは、九州と奈良という古代日本の二大朱産地に拠点をもち、そのあいだを行き来しながら、中国や朝鮮半島に朱を輸出していたはずです。

邪馬台国についてこうした理解が可能であるなら、それはヤマト王権の景行天皇、神功皇后、そして真名野長者伝説の登場人物たちが、奈良と九州のあいだを行ったり来たりしている光景と重なって見えます。

従来の所在地論争では、九州説の場合、邪馬台国の支配圏は九州とその周辺の一部とされています。一方の近畿説では、東日本の一部をふくむかなり広い範囲を支配圏として、地図はベタ塗りにされています。

邪馬台国連合を朱の交易機構とかんがえる本稿では、奈良と九州、そして第五章でくわしく論じる伊勢、これらの朱産地が主たる領域で、そこに四国、北陸などに点在する中小の朱産地を加えたものが、邪馬台国の支配地となります。

面的な支配圏ではなく、「点」としての拠点地をむすぶ連合国家です。仮に卑弥呼の王宮が九州にあったとしても、奈良は邪馬台国連合の一角を占め、最も重要な朱産地として大きな存在感を示していたと見なすことができます。

邪馬台国の候補地は奈良説、九州説のほかにもあって、一説によると全国八十か所を超えているそうですが、四国に邪馬台国を求める説では、徳島県阿南市にある古代朱産地が根拠とされています。邪馬台国連合の〝本社〟というのは難しいとしても、その〝支社〟である可能性をもつ邪馬台国候補地は少なからずあるのではないでしょうか。

火山国である日本列島には、各地に朱産地があり、地名や神社名などによってその痕跡をのこしています。従来、荒唐無稽と見なされていた邪馬台国説にも視野を広げ、注意ぶかく再検討する必要を感じます。

朱いマネーの恩恵

記紀のなかの応神《おうじん》天皇は神功皇后の赤ちゃんですが、古墳の世界では王者にふさわしい威容を誇っています。応神天皇の墳墓とされる誉田御廟山《こんだごびょうやま》古墳は大阪府羽曳野市にあり、全長四二五メートル、仁徳陵古墳に次ぐ全国二位の巨大古墳です。誉田八幡宮という神社と一体で管理されてきた歴史があります。学術的にみると、この古墳に応神天皇が埋葬されている確証はないと聞きますが、応神天皇の時代は古墳時代の最盛期であったという見通しをもつことはできます。

日本書紀にしるされた応神天皇の治世を特徴づけているのは、中国あるいは朝鮮半島からの集団的な移住者の記録です。秦氏《はたうじ》、漢氏《あやうじ》などいわゆる渡来系といわれる人たちで、彼らの子孫は朝廷でも財政の管理や文書記録の作成、治水など多方面で活躍しています。文字文化が日本に定着し、普及したのも古墳時代に生じたことで、こうした渡来系の人たちの動向と深くかかわっています。

一時滞在したあと、帰国する明治時代のお雇い外国人のような人もいました。大陸伝来の文化や知識は現代の言葉でいえば、「知的財産」であり、輸入品のひとつと見なしうるのですから、古墳時代の日本の豊かさをより正確にイメージできるとおもいます。日本列島の金山、銀山の全盛期である戦国時代の末期、遠くヨーロッパからも人びとが訪れ、南蛮渡来の新奇な文化や最新の科学知識がもたらされたことと似ています。

先にも書きましたが、仁徳陵古墳は中国の始皇帝陵、エジプトのクフ王のピラミッドとともに世界三大墳墓ともいうようです。しかし中国、エジプトはともに、官僚と軍隊の組織をもち、文字によってその治世が記録されている帝国でした。その途方もない権威のシンボルが巨大な墳墓です。それにひきかえ、古墳時代の日本は、文字が普及する以前の未開社会で、鉄さえ自分たちでつくれず、輸入に頼っています。当然ながら税のシステムや官僚組織もお粗末なものだったはず。世界三大墳墓と誇ってはみても、その背景をなす経済、政治状況はまったく別物です。

私が幼少のころ、世界一の高さのビルとして記憶させられたのは米国のエンパイアステートビルでしたが、二〇一八年現在のそれは、UAE（アラブ首長国連邦）のドバイにあるブルジュ・ハリファです。エンパイアステートビルが米国の経済力と政治力の強大さの象徴であったのに対し、ＵＡＥをはじめ中東のアラブ諸国に林立する超高層ビルはオイルマネーとむすびついています。

考古学者が口をそろえる前方後円墳の「異常ともいえる大きさ」、その背景にあるものは、アラブの高層ビル群と同じなのではないでしょうか。オイルマネーならぬ〝朱《あか》いマネー〟。日本列島に予期せぬ富をもたらした幸福な時代があり、その熱気のなかで巨大古墳がつくられ、国家誕生への胎動がはじまっているようにみえるのです。

第四章　奈良時代——「朱の王国」の黄昏

最後の前方後円墳

五世紀前半、仁徳《にんとく》陵古墳と応神《おうじん》陵古墳が規格外の巨大さを誇示したのを頂点として、前方後円墳は急速に小さくなってゆきます。日本列島に巨大古墳バブルをもたらしたのは朱の輸出と「傭兵ビジネス」であるという見立てが正しければ、朱の産出がピークアウトし、朝鮮半島が分裂から統一に向かうにつれて、バブルはあっけなく崩壊したとおもわれます。日本列島の国家機構が整い、古墳の巨大さによって権力を誇示する意味が次第に失われていったともいわれていますが、経済的な余裕がなくなった気配は濃厚です。

奈良時代は、「朱の王国」の黄昏の時代です。本稿がテーマとする朱をめぐる古代史、その最後の時間です。

天皇の陵墓として管理されている古墳のうち、最後の前方後円墳は大阪府太子町にある敏達《びだつ》天皇（六世紀後半の在位）の陵墓ですが、その全長は百メートル程度。四百メートルを超える仁徳陵、応神陵と比較すると、その貧弱さは歴然としており、巨大古墳の時代の終焉を告げています。

この古墳のある太子町は大阪と奈良の府県境にある二上山《にじょうさん》のふもとの町ですが、敏達天皇陵から山頂方面に二キロほどのところに科長《しなが》神社が鎮座しています。この神社に行ってみようとおもったのは、「息長《おきなが》氏の氏神をまつったのが始まりとする社伝」（『大阪府の歴史散歩』下巻）があると知ったからですが、外見はすこし立派な村の鎮守という程度の神社です。神社に隣接して遣隋使として著名な小野妹子《おののいもこ》の立派な墓がありました。

この章のプランは、応神《おうじん》天皇の子孫とされる謎めいた氏族、息長氏の動向に注意しつつ、天皇家と朱の歴史の交差する場面を奈良時代のなかで探ることです。具体的にとりあげるのは、東大寺の大仏造立と奈良を代表する宗教行事であるお水取り。東大寺は天皇家と格別のゆかりを持ち、お水取りには朱や水銀との関連がささやかれているからです。

この章のキーワードである「息長」の文字は、第二章に神功《じんぐう》皇后の息長帯姫《おきながたらしひめ》という名前として既出です。古事記によると、神功皇后の父親は息長宿禰王《おきながのすくねのみこ》ですから、史実かどうかはさておき、神功皇后は息長氏に生まれた女性で、そこから天皇家に嫁いだという筋書きになっています。松田氏は『丹生の研究』でこう述べています。

神功皇后の伝説にはふしぎなほど朱砂がまとわりついている。それらは、おそらく息長族が朱砂の採取や処理に特技をもつ一族であり、それが国内の朱砂資源の開発にとって、かなり大きな働きをしたことを反映しているのではあるまいか。

太子町の前方後円墳に眠る敏達天皇の皇后を広姫《ひろひめ》といい、こちらは実在がたしかな息長氏の女性です。天智天皇、天武天皇の兄弟の曾祖母にあたる人ですが、この兄弟の父親である舒明《じょめい》天皇のおくり名（没後におくられた名前）を息長足日広額天皇《おきながたらしひひろぬかのすめらみこと》というのは、広姫が息長氏であることに由来するともいわれています。天皇のおくり名に一族の名称がついている唯一の例であるだけに、これだけでも尋常ならざる緊張感を漂わせています。

科長神社から一時間ほど坂道をのぼると、二上山（五一七メートル）の登山口です。その近くの岩屋寺跡に、火砕流が固まった白っぽい凝灰岩があり、古代の石切場でした。打製石器の素材として関西一円でつかわれたサヌカイトも、二上山の火山活動で形成されました。二上山は、奈良に朱の鉱床をもたらした火山活動と同じく千五百万年まえの火山の痕跡地ですが、火口は風化して消失しています。

天智天皇にまつわる謎

天智天皇（中大兄皇子）といえば「大化の改新」です。いまの教科書では「乙巳《いっし》の変」

とされている、「大化の改新」に先立つ六四五年のクーデターのあと、いわゆる「薄葬令」が出されています。遺体といっしょに金銀銅などの宝物類を埋蔵することは禁止、宝石による飾りのある衣、装飾過多の棺も禁止。さらに社会階層ごとに墳墓のサイズを規定しています。放漫な古墳づくりが許された時代は終わり、緊縮財政への修正が政治上の課題になっていることがうかがえます。

乙巳の変のあと、皇太子であった中大兄皇子が所有していた皇族財産の「御名入部」を、どのように扱うべきかが問題となり、中大兄皇子は「入部五百二十四人」などを天皇に献上すると述べたと、日本書紀はしるしています。公地公民を建前とする律令国家への第一歩として、中大兄皇子は率先して自分の私有する土地と人民を国家に返上して、他の皇族や豪族に模範を示したと理解されています。

ここで問題としたいのは、天智天皇にまつわる「入部」という謎の言葉です。日本書紀の注釈書でも「難解」（『新編日本古典文学全集　日本書紀』）、「未詳」（岩波書店『日本書紀』）とされています。これまでくりかえし見てきたように、「丹生《にう》」が「入《にゅう》」に変化するというデータをふまえて、入部が朱産地にかかわるかどうか。そこがポイントになります。

古代史学者、薗田香融氏の論文「皇祖大兄御名入部について」（『日本書紀研究③』）によると、「御名入部」とは、忍坂彦人大兄皇子《おしさかのひこひとのおおえのみこ》（祖父）→舒明《じよめい》天皇（父）→天智天皇（子）と相続されたもので、それは「皇室財産中の皇室財産」であり、所在地は桜井市の忍阪《おつさか》であるというのです。忍阪とは、神武天皇のくだりで土蜘蛛の拠点地として出ている地名であり、朱とのかかわりが推定されているところです。忍坂彦人大兄皇子の名にも忍阪の地名がふくまれており、その子、舒明天皇とともに忍阪に墳墓が築かれています。

「入部」の読み方も不詳ですが、古代の文献としてふつうに読むと「いるべ」か「にゅうべ」ですから、後者であれば「丹生部」と解釈できます。「部《べ》」には職業集団の意味もあり、海部《あまべ》は海にかかわる仕事をする人たち、山部《やまべ》は山にかかわる仕事をする人たちですから、丹生部（入部）は朱にかかわる職業集団ということになります。

もし、入部が丹生部であるなら、「皇室財産中の皇室財産」は、朱産地および朱にたずさわる職業集団ということになります。この解釈が正しければ、古代の天皇が朱産地を直接、支配していたことになります。もっとも、奈良の朱産地はこのころの文字記録に見えず、枯渇していたようすもあるので、忍阪にある「御名入部」の実態は、経済価値の乏しい既得権という程度なのかもしれません。

天武天皇と始皇帝

近江の国、滋賀県大津市に都をおいた天智天皇が死去したあと、政局は一気に流動化し、亡くなった天皇の弟と天皇の息子による、後継者をめぐる内乱が勃発します。この壬申《じんしん》の乱（六七二年）の勝者がごぞんじのとおり天武《てんむ》天皇で、戦後、都は再び奈良の飛鳥に戻り、藤原京を経て平城京が造営されます。本稿ではここまで、朱の歴史にかかわる王として、卑弥呼、神武天皇、神功皇后、景行天皇にスポットライトをあてたわけですが、天武天皇は明らかにこの系譜に連なる〝朱《あか》い天皇〟です。

この話を進めるために、最初の話題として「真人《まひと》」という称号をとりあげます。

天武天皇の政権で進められたことのひとつに、政権に参画していた豪族、皇族の身分制度の再編成があり、その一環として「八色《やくさ》の姓《かばね》」というものが定められています。現代の日本語では姓名というと、ファミリーネームと個人の名前のことなのでまぎらわしいですが、古代においては蘇我臣《そがのおみ》、大伴連《おおとものむらじ》というときの「臣」「連」が姓《かばね》で、氏《うじ》の下につく一種の称号です。八色の姓はこれを再編し、真人《まひと》、朝臣《あそみ》、宿禰《すくね》、忌寸《いみき》など八つの姓にしようとしたもので、その筆頭格におかれている真人は、天皇家から分かれた準皇族とされています。真人という姓が注目されるのは、天武天皇のおくり名である天渟中《あまのぬな》原瀛真人《はらおきのまひとの》天皇《すめらみこと》のなかに「真人」という文字がふくまれているからです。

真人がつく理由としては「(天武天皇が)道教思想にも造詣が深かったので、道の奥義を悟り得た人、という意からも真人(八色の姓でも最高)を諡号に付す」(『新編日本古典文学全集　日本書紀』)という説が一般的です。中国語の「真人《しんじん》」という言葉には、「道教で、理想とされる最高の人。俗世界を超越し、道の極致に達した人。仙人」(『大辞泉』)という意味があり、中国歴代の皇帝が夢みた不老不死の神仙世界へつながっています。

前漢の歴史家、司馬遷の『史記』に、中国全土を初めて統一した秦の始皇帝についてのこんな一文があります。

始皇曰く、「吾、真人を慕ふ。自ら真人と謂ひて、朕と称せざらん」と。(秦始皇本紀)

世界の真理をきわめ、不老不死を達成した「真人」すなわち仙人への願望のあまり、始皇帝は帝王の一人称である「朕」をやめて、自分のことを「真人」と呼ぶと宣言しているのです。天武天皇は始皇帝にまつわるこの逸話を知っていたのでしょうか。

不老不死を標榜する中国の神秘医学の古典『神農本草経《しんのうほんぞうきょう》』は、薬品素材を上薬、中薬、下薬の三ランクに分けていますが、水銀は上薬であり、「久服すれば神仙となって死なない」と最大級の評価を与えられています。水銀の有害性を知る現代人からすると非常に不可解なことですが、水銀を素材として不老不死の秘薬ができるという発想はどこから生じたのでしょうか。

齋藤勝裕氏は有機化学が専門の大学教授ですが、水銀が「流動性に富んで、まさしく活力溢れる生命」のように見えるからだと述べています。水銀は加熱すると、酸素と化合して酸化水銀の黒い固体となり、さらに高熱にすると再び水銀と酸素に分離して銀色の輝きと流動性を取り戻します。この現象は、火のなかで再生するという伝説をもつ「フェニックス（不死鳥）」そのものだというのです（『へんな金属　すごい金属』）。

本業はＩＴ系という鉱物コレクターのセオドア・グレイ氏が書いた『世界で一番美しい元素図鑑』は評判を呼んで、世界各国で元素ブームを起こしたといわれる本ですが、水銀はその有害性を強調しつつも、敬意をもって紹介されています。

金と同じくらい古くから、金とは違った形で人類を驚嘆させ魅了してきた元素があります。古代において「生きている銀」「素早く流れる銀」と呼ばれた、水銀です。

高校の化学の授業で習った元素の周期表では、水銀は80という原子番号を与えられ、79番の金のすぐ右に置かれています。水銀と金が隣り合っていることに〝世界の秘密〟めいたものを感じてしまいます。化学についての知識はお粗末なものですが、水銀が金属の一種であり、冷却すれば固体になることくらいは知っています。しかし、そうした知識をもたない古代の人たちは、岩から水滴のように流れ落ちる自然水銀を見て、神秘の感情をいだいたにちがいありません。

朱い皇族、息長氏

真人という天武期に新しくつくられた姓を考えるうえで不可欠の資料が、平安時代初頭、朝廷によって編纂された『新撰姓氏録《しんせんしょうじろく》』です。畿内に本籍をもつ千以上の氏族について、始祖と簡略な系譜の説明が書かれており、氏族の一覧表のようなものです。この氏族リストの筆頭に記載されているのが息長真人なのです。息長氏は応神天皇の子孫であり、天皇家から分岐した皇族系統の一族、いわゆる「皇別《こうべつ》」とされています。

天武朝から平安初期にかけて、息長氏は皇族系氏族として大きな勢力をもっていたのかというと、奈良時代、最も出世した人でも従四位上ですから、どこから見ても三流貴族。天皇のおくり名に見えたり、氏族名簿の筆頭に記されたり、そうした息長氏に対する特異な優遇そのものが謎とされています。それは息長氏が朱にかかわる一族であることと関係するのではないか――という疑念をもちつつ、この当時の歴史を見てゆきます。

息長氏と朱がむすびつく決定的な証拠は、『新撰姓氏録』に息長真人の同族として「息《おき》長丹生真人《ながにうまひと》」が記載されていることです。これは複姓という古代の氏族にだけみえる名称で、息長氏のうち丹生《にう》（朱産地）にかかわる仕事をしていた人たち、あるいは丹生という土地に居住する息長氏という意味に解されます。息長丹生氏のうち、中務省に仕えて画工として活躍した人がいますが、これも〝朱《あか》い皇族〟の片鱗をうかがわせます。朱は現在も日本画の岩絵具の材料ですが、奈良の高松塚古墳、九州の装飾古墳の壁画にも使われています。

息長を「おきなが」と読むことも謎です。その由来は、「鍛冶にかかわる一族だからフイゴの息を長く吹く意味」「琵琶湖における潜水泳法に関係する」など諸説あります。息長帯姫について「息（命）が長く足る」の意だとする『新編日本古典文学全集　日本書紀』の注釈には、不老長寿の神仙思想とのかかわりが見えます。しかし、呼吸や寿命の意味だとしても、なぜ、「いき」ではなく「おき」なのでしょうか。謎はのこります。

昭和の時代、滋賀県には息長《おきなが》村がありましたが、現在、息長の地名は小学校や郵便局の名称としてしかのこっていません。旧息長村は現在の米原市能登瀬《のとせ》あたりで、そこに鎮座する山津《やまつ》照《てる》神社は平安時代の「延喜式神名帳《えんぎしきじんみょうちょう》」にも記録されている古社。六世紀の造営とされる前方後円墳が境内にあり、息長氏の墳墓とかんがえられています。古墳からは鏡や馬具などとともに、朱砂も見つかっており、現在は県内の博物館に保管されていることを、細野欽也宮司からうかがいました。このあたりは平安時代以降、箕浦《みのうら》荘という荘園で、そこに属する二十数か村のひとつに丹生《にゅう》村がふくまれていたそうです。

山津照神社から田んぼの間につづく農道を抜けたあと、JR東海道線に沿って歩くと三十分ちょっとで醒ヶ井《さめがい》駅。ヤマトタケルが伊吹山《いぶきやま》の神の攻撃により、意識朦朧として山を降りてきたという話の伝承地のひとつで、清流を売り物とする観光地になっています。その一角にヤマトタケルの銅像が立っていました。醒ヶ井駅の西側を流れる丹生川に沿って上流を目指すと、三十分ほどで丹生の集落に入ります。

滋賀県の地質データをあたると、金山をはじめ熱水鉱床は見えませんが、景行天皇とのかかわりで先に申し上げた大津市のほか、彦根市、高島市を中心に多くのマンガン鉱床があります。ヤマトタケル伝説の舞台である伊吹山は石灰石の鉱山のあるところですが、太古の海底火山とされています。琵琶湖東岸には、湖東コールドロンと命名されている巨大噴火にともなうカルデラが風化した地形もあります。丹生の地名があり、注目すべき地質データはいくつかあるのですが、当地で朱が採掘された明確な記録は見当たりません。現時点では、〝見えない朱産地〟です。

六世紀初めごろ、武烈《ぶれつ》天皇が死去したあと、後継者がいなくて血統が絶えそうになったとき、福井県東部に居住する皇族のひとりが大伴氏ら重臣に担ぎ上げられ、継体《けいたい》天皇として即位します。応神天皇の五代あとの子孫とされているので、同じく応神天皇の子孫を称する息長氏とは比較的ちかい血縁が推察されています。滋賀県と福井県は地続きであり、地縁によっても近い関係です。伝説的な要素がつよいものの、応神天皇と神功《じんぐう》皇后の母子が、朱の歴史とむすびつくデータはある程度そろっているのですから、継体天皇、息長氏が応神天皇につながる系譜をアピールしていることは注目されます。

邪馬台国近江説

前章の「滋賀にあった二つの王宮」の項でとりあげたとおり、大津市には景行天皇、成務天皇の王宮伝承地、天智天皇の皇居がありました。本章のメインテーマである、聖武《しょうむ》天皇の大仏プロジェクトは、当初、滋賀県の甲賀ではじまり、その後、奈良に場所を変更して造営されています。このように近江国（滋賀県）と天皇家のあいだには、どこか謎めいた関係があります。そこに息長氏の存在がかかわっているのではないか。確実な証拠はないものの、そうした印象をもっている人は少なくありません。

古代において滋賀県は渡来系の住民の多く住んでいたエリアで、それに由来する金属文化、石工文化があります。九州でいえば大分県と似た歴史的風土です。そうした背景もあり、邪馬台国をこの地に求める説は一九七〇年代からありますが、二〇一〇年、『邪馬台国近江説』という同じタイトルをかかげる書籍が二冊、相次いで刊行され、話題となりました。伊勢遺跡（守山市）という弥生時代の遺跡が二世紀ごろ、全国でもトップクラスの繁栄をみせていたと判明、近江への関心が高まったことが背景にあります。

二冊の『邪馬台国近江説』の一方の作者、澤井良介氏は、息長水依姫《おきながのみずよりひめ》という古事記にでている息長氏の女性が、卑弥呼の実像ではないかと発言しています。息長氏は、邪馬台国論争にも顔を出しているのです。

朱の年号

先ほど挙げた天武天皇が、赤色に執着していると指摘したのは、戦後の歴史学を主導したひとりである直木孝次郎氏です。壬申の乱のとき自軍の目印として赤い旗を掲げたのは、漢の高祖にならったものか、としたうえでこう述べています。

『書紀』には天武六年、九年、十年にそれぞれ赤い鳥や朱色の雀の記事があり、天武十五年には朱鳥《あかみとり》という年号をたてたほどである。日本人はもともと赤い色をこのんだようだが、赤い鳥を瑞兆としてよろこぶことは天武以前にはほとんどなく、以後古代ではだいたい持統・文武・元正の諸朝にかぎられる。これは天武の皇后と孫の治世である。（『古代国家の成立』）

天武天皇は最晩年、「朱鳥」という年号をたてていますが、道教研究の専門家である福永光司氏の『道教と古代日本』によると、「朱鳥」とは、「中国古代の江南の錬金術理論書である『周易参同契《しゅうえきさんどうかい》』の中などで使われている言葉で、人間の生命力を充実させる、もしくは衰え病んでいるものを蘇らせる」という意味があるといいます。また、中国の古代医学の文献「石薬爾雅《せきやくじが》」には、丹砂（朱）の別名として、真珠、太陽、赤帝などとともに、「朱鳥」があげられています。朱鳥の年号はまさしく意味深長です。

この年号が定まる前年、天武天皇は健康を害し、寺院や神社での祈禱がくりかえされます。この当時、仏教は国家によって管理されており、国の許可を得た人しか僧侶になることができませんでした。それ以外の仏教修行者は「優婆塞《うばそく》」といわれ、低く見られています。修験道の始祖とされる役行者《えんのぎょうじゃ》も役優婆塞《えんのうばそく》といわれていますが、そうした在野の山岳修行者のなかに、大陸渡来の道教文化が流れ込み、そこには医療技術がふくまれていたという話も聞きます。

天武天皇の治療にかかわった益田直金鍾《ますだのあたいこんしょう》という優婆塞がいて、日本書紀には、百済の僧とともに美濃に派遣され、「白朮を煎しむ」と記されています。朮《おけら》はキク科の植物で生薬の原料ですが、神仙術を説いた中国の書物『抱朴子《ほうぼくし》』では、仙人になるための仙薬としてリストアップされています。

東大寺の前身は同じ場所にあった金鐘寺《こんしゅじ》という小さな寺院で、東大寺の造営にかかわりその初代の別当（寺務を統括する最高責任者）となっている良弁は、絵巻物の「東大寺大仏縁起」に金鷲仙人として、平安時代初期の説話集『日本霊異記《にほんりょういき》』では金鷲優婆塞《こんすうばそく》という名でも記録されています。天武天皇の治療にかかわっている益田直金鍾、金鷲仙人こと良弁。「金鐘」「金鍾」「金鷲」という言葉でつながっており、「なんらかの関係があるのかも知れない」（青木和夫『奈良の都』）と注目されていますが、朱の視点からは、鐘《しゅ》、鷲《しゅう》、朱《しゅ》という音の類似を指摘することができます。良弁は出自も出身地も不詳の謎の人物で、東大寺とともに歴史の表面に浮上してきます。

天武天皇の陵墓は奈良県明日香村にある檜隈大内陵《ひのくまのおおうちのみささぎ》とされていますが、前方後円墳の時代は終わっており、八角形の墳墓です。内部は床、壁、天井とも朱が塗られており、棺も朱塗りであることが知られています。みごとな「朱の墓」です。鎌倉時代に大規模な盗掘にあったあとの状況を書きとめた僧侶がいて、天武天皇の陵墓は内部状況がわかる貴重な事例です。

東大寺を創建し、大仏の造立をはじめた聖武《しょうむ》天皇は天武天皇のひ孫にあたります。聖武天皇にゆかりの宝物は東大寺の正倉院に保管されており、一年に一度の出陣である「正倉院展」は奈良の秋をいろどる風物詩。明治時代以降、神仏分離の政策もあり、天皇家と仏教界は公的な関係をもっていませんが、正倉院は宮内庁によって管理されており、東大寺と天皇家とのむすびつきは維持されています。

東大寺と太古の火山

十五年くらいまえ、奈良に十日間くらい滞在したことがあり、そのとき東大寺二月堂のお水取りをはじめて見ました。ほとんど下調べもなしに行ったのですが、ふつうの仏教行事とは次元の違う緊張感と様式美に驚いた記憶があります。

そのときの奈良滞在の第一の目的は、旧柳生街道を歩いて剣豪伝説のある柳生町に行くことでした。東大寺からバス停でひとつ先が、旧柳生街道への入り口で、そこから谷筋をゆく山の中の道は石仏、磨崖仏《まがいぶつ》の多いエリアとしても有名です。一時間ほど登ると、地獄谷という恐ろしげな地名があるのですが、そこに凝灰岩《ぎょうかいがん》をくりぬいた高さ二・五メートルくらいの穴に六体の仏像が刻まれ、塗られた朱がうっすらとのこっています。千五百万年まえの巨大な火山活動は奈良に朱の鉱床を形成しましたが、地獄谷にある凝灰岩は火山から流れてきた火砕流が固まったものです。火砕流の痕跡が明確で、このときの巨大噴火の指標地のひとつになっています。

東大寺、春日大社の奥につづく山に石仏、磨崖仏が多いのは、火砕流の固まった凝灰岩は柔らかくて、短時間で仏を彫るには適した素材であるからです。真名野長者の伝説地である大分県には、国宝石仏群のある臼杵市のほかにも石仏群が点在しており、阿蘇山が数万年に一度の巨大噴火をおこしたときの火砕流が固まった凝灰岩に彫られています。

訪問したときは知らなかったのですが、奈良市の柳生地区にも丹生《にゅう》の地名があり、丹生神社があります。徳川幕府が編纂した『寛政重修諸家譜《かんせいちょうしゅうしょかふ》』によると、柳生十兵衛三厳《みつよし》で有名な柳生氏は菅原を本姓と称しており、その先祖は埴輪づくり、古墳造営の技能者ともいわれる土師《はじ》氏。平安時代、土師氏の有力者から菅原氏、大江氏、秋篠氏が分立しており、菅原道真はこの一族の出世頭です。柳生氏の系図がどれほど信用できるかは別としても、奈良市の奥山には丹生の地名があり、朱の歴史とのかかわりをうかがわせます。

東大寺に接している若草山（三四二メートル）にも太古の火山活動の痕跡があり、地獄谷よりすこし新しい時期ですが、こちらは火砕流ではなく溶岩（火山岩）です。「三笠安山岩」と名づけられており、「ハンマーを跳ね返すほど硬く、風化した表面は薄い灰白色で、真っ黒な割れ口に結晶が光っているのが特徴」（西田史朗『奈良の地学』）です。三笠安山岩は石材として優良であったので、あらかた切り出されてしまい、今の若草山には少ししか見えませんが、東大寺正倉院の礎石をふくめ、このあたりの寺社ではよくつかわれています。金属めいた硬さをもつ黒光りする石なので、注意して見ていると、けっこう目に入ります。

溶岩、火砕流、それが固まった凝灰岩をうがった磨崖仏、そこにうっすらとのこる朱の色。東大寺の背後に広がる山々には太古の火山の痕跡が明らかですが、それはこの寺の歴史にも深くかかわっているはずです。

大仏と水銀――古代のアマルガム技術

水銀に金や銀を投入すると、溶けたように見えなくなり、水銀との合金ができます。これがアマルガムです。この現象は水銀の奇妙なふるまいのひとつで、古代の人には魔術めいたものに見えたのではないでしょうか。

金と水銀の合金を銅製品に塗りつけて、火力によって水銀を除去すると、金の薄い被膜が銅を覆い、金の輝きをもつことになります。こうして金メッキされた銅を金銅《こんどう》ともいいます。古墳時代、全国各地でおびただしい出土事例がある耳輪は、金メッキされているので、鍍金《めっき》技術は古墳時代には伝来していたとかんがえられています。メッキという言葉にはカタカナの外来語めいた響きがありますが、語源は「滅金《めっきん》」で、水銀のなかに金を投入すると、金が消滅するように見えるからだそうです。

息長氏の居住地である滋賀県米原市上丹生《かみにゅう》の集落は、木彫りの仏像細工の伝統があり、現在も仏像や仏壇づくりが地場産業として継承されています。ふもとの醒井《さめがい》地区に小さな美術館もできていますが、鍍金による金銅仏像をつくっていた歴史のうえに、木彫りの仏像がはじまったのかもしれません。息長氏は朱にかかわる一族で、水銀と金をつかった鍍金技術をもっていてもおかしくないからです。

東大寺の大仏もアマルガムによる鍍金によって、金色の輝きを得ていたのですが、すべて失われ、もはや想像するほかありません。使用された水銀の総量についてはいくつかの試算がありますが、金工史を専門とする香取忠彦氏の『奈良の大仏』には、二・五トンと書かれています。残念なことに、どの産地の朱が材料とされたかは記録にみえません。

液体水銀は比較的安定した物質であるようですが、水銀が気化すると、強い毒性をもちます。したがって大仏の鍍金作業によって阿鼻叫喚の地獄絵が現出し、東大寺の周辺どころか平城京の居住地まで水銀被害が広がり、その結果、奈良の平城京は捨てられ、京都へ遷都することになったという説があります。仏教美術の大家で東京国立博物館の東洋考古室長をつとめておられた杉山二郎氏の『大仏以後』をはじめとして真剣に議論されたテーマで、高度成長期に社会問題となった環境汚染にも通じる恐ろしい話です。

その一方、被害の実態はほとんどなかったという反論も出ています。東京大学大気海洋研究所の川幡穂高教授が近年、考古学的な土壌分析をおこなったところ、現代の環境基準よりずっと低い数値であることが判明したのです。大仏の造営前と後とでは数倍の上昇があるものの、健康被害が生じたとは考えられないという見解が示されています。

古代の水銀公害という学説はセンセーショナルで、今日的な問題とも重なりますから注目を集めました。しかし、ほんとうに水銀被害で人間がばたばた死んでいったなら、僧侶たちも逃げてしまい、東大寺は無人の寺になったでしょうし、そのような縁起の悪い大仏は見向きもされなくなるはず。東大寺の周辺は春日大社、興福寺をふくめて、日本を代表する聖地として歴史的にも尊重されてきたのですから、大量の死者が出たというパニック映画めいた話は疑わしいとおもいます。

お水取りと朱と水銀

お水取りとは、毎年三月におこなわれる東大寺の年中行事の修二会《しゅにえ》のことですが、十一面悔過《けか》ともいわれます。お水取りの執行される東大寺の二月堂の本尊が十一面観音であるからです。もっとも、秘仏のなかの秘仏ということで、実際に見た人はいないそうです。お水取りの創始者とつたわる実忠《じっちゅう》は東大寺初代別当である良弁の弟子ですが、師匠よりさらにプロフィール不詳の謎の人物。インド人説もあるくらいです。

　お水取りの舞台となる二月堂は大仏殿のわきの石段をのぼった先にあります。お水取りとは、三月一日から二週間かけて執行される一連の行事ですが、有名なのは松明《たいまつ》をかかえた僧侶が特異なリズムで床を踏みならし、お堂をかけめぐる場面。そのときの高揚した空気を、小説家の井上靖氏は、「あの烈しく動き、流れ、何ものかで充実しているこの世ならぬ異様な空間と時間」（『東大寺　お水取り』）と表現しています。たしかにそんな感じです。

　はじめてお水取りを見たとき、まったく予備知識がなかったので、「お水取りという名称なのに、どうして火祭りなのだろう」という素朴な疑問が生じました。三月十二日の東大寺二月堂の周辺は身動きできないほどの混雑ぶりでわからなかったのですが、高台にある二月堂への登り口に閼伽井屋《あかいや》という小さな建物があります。その夜の未明というから日付の上では次の日、閼伽井屋で水をくむ重要な儀式があり、それによって「お水取り」の名称があるそうです。本尊の十一面観音に供えられるたいせつな水だといいます。

一連の行事のうち、全国各地の神社に鎮座する神さまの名前が記載されたリストを読み上げる場面があり、その招聘に応じて神々が二月堂に集うとされています。お水取りは東大寺の行事ですが、日本の神々の世界とむすびついており、儀式の内容にも仏教とは異なる要素が多いといいます。

実忠がはじめてお水取りをおこなったとき、若狭国《わかさのくに》（福井県西部）の遠敷明神《おにゆうみようじん》だけが遅れたため、そのお詫びとして聖なる水を献じたことが閼伽井屋のはじまりであると伝わっています。関係する古文献を収めた『東大寺要録』にある「二月堂縁起」によると、「黒白二の鵜」、二羽の鵜が岩をうがち、地中から飛び出し、二月堂のそばに泉が湧出したというのです。その泉の水源は福井県小浜市遠敷《おにゆう》にあり、地下水脈によって奈良の東大寺までつながっているという伝説になっています。

遠敷《おにゆう》は有名な難読地名です。遠敷明神を祀る若狭彦神社の近くに、明治時代の神仏分離までは神社と一体で運営されていた神宮寺があり、毎年三月、東大寺二月堂のお水取りに対応する「お水送り」という儀式がおこなわれています。こちらも、外見は火祭りです。

なぜ、お水取りにおいて、福井県の遠敷明神がこれほどクローズアップされているのか。それは東大寺をめぐる謎のひとつです。朱の歴史にむすびつけた解釈が生じているのは、小浜市に丹生神社があることなどを根拠に、遠敷（おにゅう）を丹生地名と解した松田壽男氏の影響であるとおもいます。五十年ほどまえの文章ですが、松田氏の共同研究者で、福井県在住だった永江秀雄氏に『お水取り』の起源」というエッセイがあり、朱、水銀とのかかわりが問題提起されています。縁起に記述されている地中から飛び出した「二《に》の鵜《う》」も奇妙な表現ですが、「に・う」によって丹生に通じると見る人もいます。

龍穴と京都のマンガン地帯

カラー印刷の豪華本シリーズ「日本絵巻大成」としても刊行されている「二月堂縁起絵巻」。この縁起によると、お水取りの創始者である実忠は奈良の奥山からつづく笠置山《かさぎやま》の寺で修行していたとき、「龍穴」を見つけ中に入ると、そこは別世界につながっており、そこで天人たちが十一面観音にかかわる行法をなしているのを見た。それを人間世界でも行うことが認められ、お水取りがはじまった──とされています。

朱の歴史に関心をもっていた中世史学者の中村直勝氏は、朱産地の宇陀市にある室生寺について、「室生寺《むろうじ》の室《むろ》とは、この朱を掘る坑道である。そこがいまは竜穴神社として崇められている」と述べています（『日本の合戦②南北朝の争乱』）。

龍穴神社そのものが朱の鉱床であるかどうかはわかりませんが、実忠の龍穴もふくめて、朱を採掘する坑道を連想させせられます。

龍穴のあったという笠置山は京都府相楽《そうらく》郡笠置町にありますが、同じ郡で笠置町に接する和束町《わづかちょう》はマンガン鉱山が集まっているところです。お水取り発祥の地として伝説化している笠置山の周辺は、鉱山師《やまし》の人脈とむすびついている修験道の行場（修行地）であることも看過できないことです。

十五年くらいまえ、私が東大寺のちかくの登山口から柳生町をめざしたとき、道なりに京都府笠置町まで歩いて、笠置駅からＪＲ線に乗りました。笠置山は京都府とはいえ、奈良の東大寺からは日帰りの徒歩圏です。東大寺に朱にかかわる歴史があるとしたら、笠置山の周辺も想定しうる産地のひとつです。

京都府は日本列島を代表するマンガン地帯で、電池素材に適した性質であったため、明治時代から盛んに開発されました。大半は個人経営で小規模の鉱山ですが、京都府の中部、北部から兵庫県の一部をふくむ丹波地方だけで五百か所以上の鉱床があり、「丹波マンガン地帯」といわれていました。奈良県との府県境にちかい京都府相楽郡と綴喜《つづき》郡は、第二の集積地です（『日本地方鉱床誌　近畿地方』）。

金閣寺に近い吉兆鉱山（京都市北区）ではマンガン鉱物に、朱がともなうことが記録されています。地元の鉱物収集家に尋ねてみたところ、稀にですが今でも、京都府、兵庫県、滋賀県のマンガン地帯で朱のかたまりを見ることがあるそうです。近畿地方のマンガン地帯に一定の朱が存在することは間違いないのですが、それ以上のデータはみつかりません。

東大寺と不老不死の秘薬

お水取りの舞台である二月堂のちょうど真下に興成《こうじょう》神社という朱塗りの小さな祠があり、説明パネルにこう書かれています。

　平安時代には「能《よ》く不死薬を取りて人に与え食せしめ、長生の齢を保たしむ」という誓願を持つ菩薩として信仰されていた。平安期には既に現在地に鎮座していたと想像される。

「不死薬」とはどうみても、本来の仏教に由来するものではなく、中国の神仙思想にかかわる仙薬です。中国の神秘医学において、もっとも主要な素材が朱なのですから、東大寺が朱とかかわるかもしれない情報です。

「東大寺大仏縁起」には、のちに初代の別当となる良弁が東大寺の前身となる寺で修行しているとき、そこから金色の光が皇居にまでとどき、それを尊いものと感じた聖武天皇によって、東大寺の造営が決断されたとしるされています。良弁が金鷲《こんしゅ》仙人と呼ばれていることもふくめ、「不死薬」とのかかわりが気になる伝説です。

宇佐八幡神と大仏

東大寺二月堂のそばに手向山《たむけやま》八幡宮が鎮座しています。大分県の宇佐八幡宮は全国各地にある八幡神社の総本社ですが、分社第一号がこの神社。八幡神が東大寺の守護神となり、日本史の表舞台に登場するきっかけが大仏造立でした。

大仏づくりがすすんでいた時期、宇佐八幡神は神託によって、全面的な協力を表明します。宇佐を発した神輿《みこし》が大歓迎のなか、東大寺の裏門である転害《てがい》門に到着したと、「続日本紀」の天平勝宝元年（七四九年）十二月のくだりに出ています。手向山八幡宮の最も重要な祭礼を転害会《てがいえ》といい、この場面が再演されます。

観光客と餌をねだる鹿たちでごった返す南大門とは別世界のように、転害門の周囲はいつもひっそりとしています。寺の門としては転害門、住所表示とバス停は手貝町《てがいちょう》。日本刀の刀工の流派では手掻《てがい》派があります。「てがい」の語源ははっきりしないのですが、『粉の文化史』の著者、三輪茂雄氏は、「碾磑《てんがい》」すなわち石臼に由来するという説を提唱しています。福岡県太宰府市の観世音寺《かんぜおんじ》では、碾磑（石臼）によって朱石を磨りつぶし、朱砂をつくっていたといわれており、東大寺についても同様の歴史を推定しているのです。転害門が朱に関係しているならば、宇佐八幡神が突然、奈良に出現した理由も察しがつきます。

このときの協力表明については、銅の素材提供、鋳造技術の支援という説が有名です。しかし、八幡神をのせた神輿が到着した七四九年十二月は、約二年をかけた大仏の鋳造が終わった直後ですから、タイミングとしては不自然です。

作業工程のうえで、このとき懸案となっていたのは、大仏に黄金の輝きをあたえる鍍金でした。宇佐八幡神というより、宇佐の人たちによる協力とは、アマルガム鍍金の技術を提供することだったのではないでしょうか。先に申し上げたとおり、宇佐には神秘医学の伝統があり、朱・水銀の専門家がいたとおもわれるからです。記録のうえでははっきりしませんが、宇佐周辺は金山地帯ですから、朱、金が提供されたことも想定できることです。

宇佐八幡神は神託のなかで、全国の神々に協力を呼びかけ、大仏の造立を成功させると言っています。これは、大仏の鍍金に必要な金と朱の提供を呼びかけることであるとも考えられます。そうであるならば、朱の提供において代表的な事例として顕彰されているのが、福井県の遠敷明神《おにゅうみょうじん》ということになります。

鯖街道と鯖の経典

奈良の「お水取り」と裏表の関係にある「お水送り」の伝わる神宮寺に行った日は折悪しく雨で、歩いて三十分ほどの道ですが、東小浜駅からタクシーに乗りました。神宮寺に向かう坂道に沿って、若狭彦神社と若狭姫神社が鎮座しており、そのわずか先に神宮寺がありまます。住所表示でいえば、ふたつの神社の鎮座地が福井県小浜市遠敷《おにゅう》。運転手さんと雑談しているとき、「鯖《さば》街道というのは、現在の自動車道路でいうと、どの道にあたるのですか」と尋ねたところ、「いま走っているこの道ですよ」という答えで、驚いてしまいました。諸々の関連資料にあたっていながら、うかつにも、お水取りの道と鯖街道が重なっていることを知らなかったからです。駅から神宮寺に至る坂道は滋賀県高島市との県境が峠となっており、京都へと向かう道がつづいています。

鯖街道は「鯖の道」ともいい、福井県でとれた鯖を京都に運ぶことが多かったので、こうした呼称が生じたといわれています。

鯖街道があるのですから、蟹街道、蛸街道、柿街道など、特産品に由来する道があってもよさそうなのに、そうではありません。もやもやした疑念をいだいてしまうのは、東大寺の大仏にかかわる「鯖」の話が、平安時代に編纂されたとされる説話集「今昔物語」の十二巻にでているからです。およそ以下のような内容です。

東大寺の大仏がほぼ完成し、お披露目をかねて開眼供養をひらくばかりとなっていたとき、聖武天皇はこの儀式で重要な役目をもっている読師を誰に依頼しようかと思案していた。すると夢のなかに貴人があらわれ、「開眼供養の日の朝、寺のまえに最初に来た人を、僧侶であれ一般の人であれ、高貴な人であれ賤《いや》しい人であれ、読師に迎えなさい」というお告げがあった。聖武天皇の指示をうけた人が連れてきたのは、鯖を入れた竹籠をかついだ老人。拒むその人に無理やり法衣を着せて、鯖の入った籠は高座のうえに置いて開眼供養はおこなわれた。式典が終わるとともに老人はかき消えるように見えなくなり、籠をあけてみると、鯖ではなく、華厳経《けごんきょう》の経典が入っていた――という話です。魚というだけでなく、鯖と明示しているところが謎めいています。

東大寺の大仏と鯖をめぐる話はもうひとつあって、「東大寺大仏縁起」によると、平安時代末期の源平の戦いによって大仏殿が焼け落ち、その再建がはかられたとき、その中心にいた重源《ちょうげん》という僧侶の夢に鯖が登場します。重源は殺生になるので漁を禁じていたのですが、鯖たちが「大仏殿造営の大工や鍛冶に食べてもらうことは、わたしたち鯖の望むところです」と訴えるので禁漁を解いたという話です。なぜ、東大寺の大仏にかかわる伝承には鯖が登場するのでしょうか。東大寺のお坊さんがことさらに鯖好きだったともおもえません。

鯖江市「邪馬台国」説

福井県にはもうひとつ、鯖江《さばえ》市という鯖の地名があります。以前に勤めていた新聞社の同僚に鯖江市の出身者がいて、メガネの世界的産地であることは知っていたのですが、鯖江について調べているうちに、古代史においても注目すべき地域であることに気がつきました。海とは縁のない内陸部ですから、魚の鯖ではない何かが地名の由来であるはず。福井県には丹生《にゅう》郡という古代からの郡名がのこっているのですが、鯖江市は旧来の丹生郡と重なっており、今でも広域行政においては、鯖江・丹生消防組合があります。「延喜式」の神名帳によると、当地には丹津神社があり、現在の舟津《ふなつ》神社に比定されています。鯖江市は越前漆器の産地でもあり、朱塗りの器もつくられています。一説によると、千五百年まえからの伝統があるというので、地元で採取される朱を使っていた可能性はありますが、確認できません。

小浜市遠敷《おにゅう》の鯖街道。丹生郡と鯖江市。ここに見える「鯖」は丹生すなわち朱産地とかかわる可能性があります。しかし、仮にそうだとして、なぜ、鯖と朱が関係するのか。現時点では解明の糸口は見つかっていません。

映画監督で舞台演出家としても活躍した武智鉄二氏が『古代出雲帝国の謎』（一九七五年）という著書のなかで、邪馬台国は鯖江にあったという説を提示しています。邪馬台国の邪馬を「じゃば」と読んで、「さば」にむすびつけているので、珍説、奇説あつかいされがちですが、この地には無視しがたいデータがそろっています。鯖江市は、崇神天皇のとき、諸国平定のため各地に派遣された、いわゆる四道将軍のひとり、大彦命《おおひこのみこと》の伝承地のひとつです。弥生時代から古墳時代にかけての墳墓の集中地でもあり、王山古墳群は国史跡に指定されています。世界的なメガネ産地は、古代の繁栄地でもあるのです。

伝説うずまくお水取りの道

お水送りを伝える若狭神宮寺でいただいた由緒書には、この寺の前身となる寺を開いたのは、遠敷明神《おにゆうみようじん》の子孫である倭氏《やまと》の赤麿であると書かれています。倭という氏族にはいくつかの系統がありますが、神武天皇の東征伝承で水先案内をする珍彦《うずひこ》を始祖とする奈良の古代氏族、倭氏とのつながりが気になります。大分県の海部郡のくだりで述べたとおり、古代からの輸出品である朱の産地は航海民の居住地と重なっているからです。天武天皇の即位前の名を大海人皇子といい、海人集団との関係がかねてより注目されています。

当地出身で江戸時代の有名な国学者である伴信友《ばんのぶとも》は地名の由来について、「遠敷村のわたりの山々に美しき丹土の出る処《ところ》多く、山ならぬ地も然る処多し」（『若狭旧事考』）と述べていることも朱産地をうかがわせる証言です。貝原益軒は江戸時代の学者としては有数の旅行家でもあり、「西北紀行」という京都から丹波、若狭をめぐった紀行文もあるのですが、当地の神宮寺について、「これ古の僧実忠が住せし処なり」と記しています。典拠は不明ですが、お水取りの創始者、実忠の活動を知る手がかりです。

小浜市には、八百歳まで生きたという八百比丘尼《はっぴゃくびくに》の伝説があり、高橋長者という貿易商人の娘という話になっています。ここにも朱の商人らしき長者伝説と不老不死の神秘医学

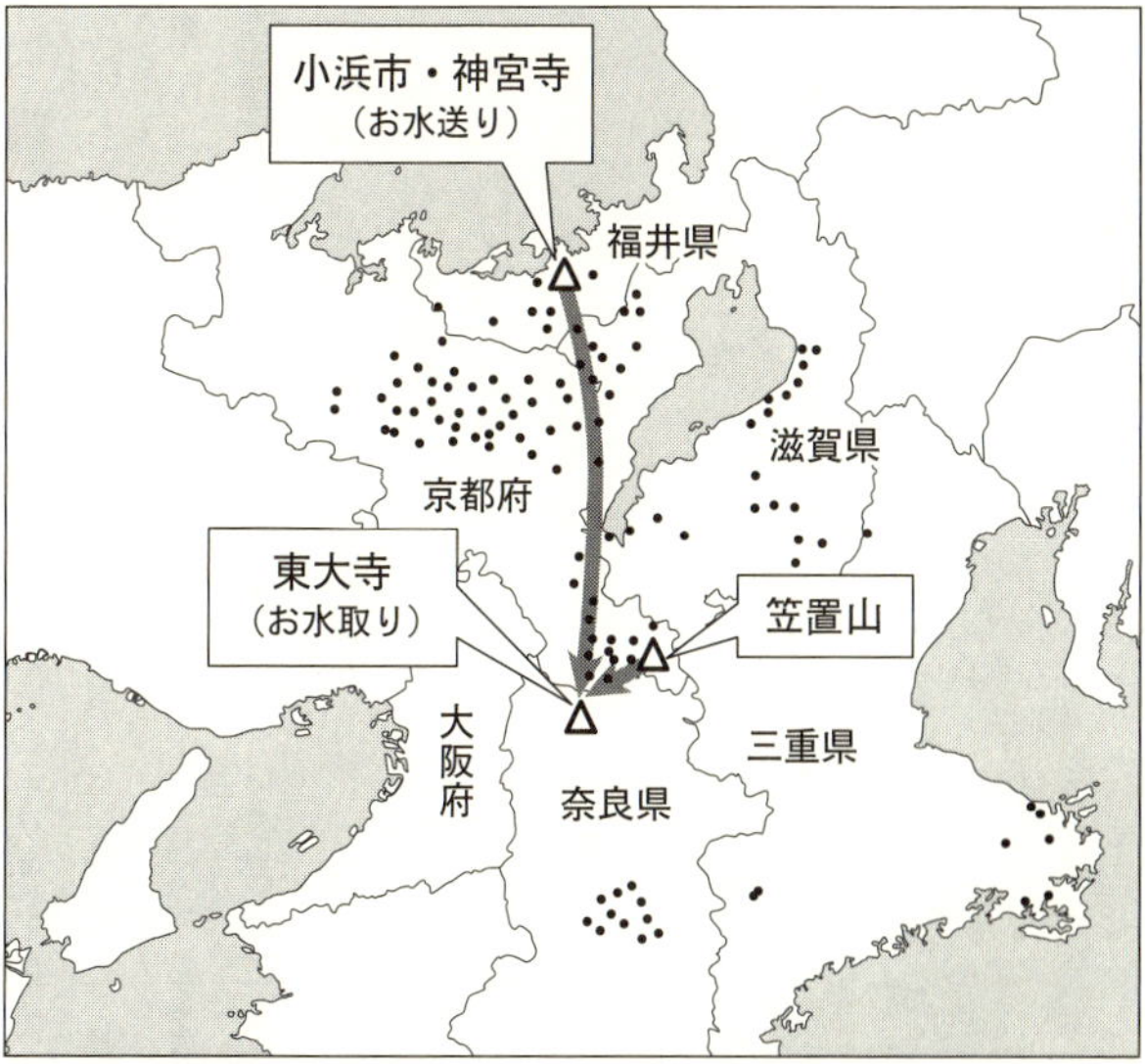

図5　お水取りの道とマンガン鉱床は重なっている

注1　『日本地方鉱床誌　近畿地方』「近畿地方のマンガン鉱床分布図」をもとに作図。

注2　●はマンガン鉱山。

の影がちらついています。

　このように地名や伝承など、小浜市を古代の朱産地とみなしうる状況証拠はそろっているのですが、採掘の記録はなく、〝見えない朱産地〟の様相を呈しています。この地方には金や水銀の熱水鉱床は存在しませんが、マンガン鉱床は琵琶湖西岸の滋賀県からの延長として、市内に点在しています。

　私が目をとおした資料のなかで、小浜市の周辺エリアで朱の存在が確認されているのは、県境の峠を越えたところにある久間多賀《くまたが》鉱山（滋賀県大津市）くらいですが、滋賀県高島市には主《しゅ》（朱？）有谷《ゆうだに》鉱山、入《にゅう》（丹生？）部谷《だに》鉱山という朱産地を示唆するマンガン鉱山があります。小浜市と東大寺をつなぐお水取りの道は鯖街道と重なり、琵琶湖西岸の滋賀県高島市をとおるのですが、日本書紀によると、福井県から天皇として担ぎ上げられた継体天皇は「近江国高嶋郡三尾」すなわち現在の高島市の生まれです。父親を早くになくし、母方の福井県で育ったという話になっています。

お水取りの道は、継体天皇の生誕伝承地と重なっているのです。ここにもひとつの謎が提示されています。

宇陀の水取一族

もうひとつ、お水取りの背景を考えるうえで忘れるわけにはいかないデータがあります。最大の朱産地である宇陀に、「水取《もいとり》」と呼ばれる一族がいたことです。

前に紹介した日本書紀における「血原」の地名発祥譚では、神武天皇に抵抗した宇陀の居住者エウカシは殺され、その弟のオトウカシは神武天皇の配下となっています。古事記はオトウカシを「宇陀の水取《もひとり》らが祖」としるしています。この「水取」について『新編日

本古典文学全集　古事記』は、「宮廷の飲み水などをつかさどる役」と注釈していますが、吉野の山岳地帯と接する宇陀の居住者が、宮廷の飲み水の担当という解釈は理屈にあいません。

『国史大辞典』は「主水部《もいとりべ》（水取部）」について、「古くは服属のあかしとして地方豪族が大和朝廷に清浄な水を貢進」したことによる命名としています。水取部の役割がはっきりしないことはかねてより指摘されていますが、冬の氷を夏まで貯蔵するための穴である氷《ひ》室《むろ》にたずさわっていたという史料があるので、本職は文字どおりの「水」であろうと見なされてきたようです。

今回、取材に訪れた長崎県の波佐見《はさみ》鉱山はとっくの昔に閉山されていますが、坑道内部の冷気を機械設備とパイプによって取り出し、イチゴ栽培のビニールハウスの温度調整に利用していました。真夏でもイチゴ栽培にふさわしい春先の温度にするためです。取材のときは八月で三五度に近い猛暑だったのですが、坑道内部は鳥肌がたつほどの冷気でした。これは、廃坑の氷室的な再利用とでもいうべきケースです。

奈良県在住の古代氷室の研究者、川村和正氏は、「宇陀が水取（主水）部の発生の地で古代氷室のルーツとされる」（「都祁氷室に関する一考察」、ネット上で公開）と述べたうえで、宇陀市菟田野松井に十三か所の古代氷室と見なしうる大穴があると報告しています。直径四〜一〇メートル、最も深いところで二メートルくらいの鍋状の大穴ですが、伊勢の朱産地で確認されている朱の露天掘りの跡と類似した形状です。この場所は、大和水銀鉱山、入谷の丹生神社、宇太水分神社などがある朱の鉱床の中心的エリアの一画ですから、採掘跡の穴を再利用した氷室であることは、当然ながら予測できることです。朱の採掘跡かどうかもふくめて、考古学的な調査を待ちたいとおもいます。

白洲正子が歩んだ朱の道

東大寺のお水取りを朱・水銀とむすびつける考えは、東大寺の公式見解や一般的な解説書には出ていませんが、少なからぬ人がこれに魅力を感じているようです。私が目を通した文献のなかで最も印象的だったのは、白洲正子氏の『十一面観音巡礼』です。一九七四年から美術雑誌に連載された紀行エッセイで、翌年、単行本となっています。

白洲氏が福井県小浜市を訪れたのは、十一面観音の傑作とされる羽賀寺の仏像を見るためですが、三月二日の「お水送り」の日程にあわせていたようです。「お水送り」の神事の一環として、参加者といっしょに餅のかわりの赤土を丸めたものをなめているのですが、これはこの地域が朱の産地であることと関係するにちがいないと述べたうえで、こうつづけています。

思うに若狭彦は朱の産地を確保していた為に、大きな勢力を得たのであろう。朱も水銀も、大仏建立には欠くことの出来ぬ原料で、そこから東大寺との関係が生れたのではないだろうか。(『十一面観音巡礼』)

お水取りのルーツそのものについては、聖なる水への信仰として考えておられるのですが、それでも『十一面観音巡礼』が朱の歴史を考えるうえで不可欠の一冊であるのは、全国各地の十一面観音をめぐる旅が、ことごとく朱産地と重なっているからです。「太古からつづいた朱の道」があり、「高野、吉野、宇陀、室生を結ぶ信仰のきずなでもあった」という言葉は、朱をめぐる信仰の歴史を考えるうえで貴重な道しるべです。東大寺二月堂の本尊は十一面観音で、お水取りの行事を十一面悔過ともいうのですから、十一面観音はお水取りをめぐる謎を解く手がかりであるはずです。

『十一面観音巡礼』には、本稿のテーマにおいて重要な寺がふたつ出ています。そのひとつ奈良県桜井市の聖林寺《しょうりんじ》は、多武峰《とうのみね》のあたりに広がる桜井市の朱産地と接するような場所にあり、安産信仰の聖地としても有名です。ここの十一面観音（国宝）は、神仏混淆の江戸時代まで大神《おおみわ》神社に付属していた大御輪寺《だいごりんじ》にあったものですが、明治期の神仏分離によってこの地に移されています。大御輪寺の跡がオオタタネコを祭神とする大直禰子《おおたたねこ》神社となっています。大神《おおみわ》神社の付属寺院で十一面観音が拝まれていたことは重視すべき情報です。

木津川流域にただよう朱の気配

木津川の西に位置する京都府京田辺市。その市内にある観音寺にも、国宝の十一面観音があります。山号を息長山《そくちょうざん》といい、息長氏にかかわる古い寺院ですが、この寺の背景をなす山の頂上ちかくに、息長氏の先祖を祀る朱智《しゅち》神社が鎮座しています。朱智神社の「朱」がこの一族の背景を物語っているようです。

ＪＲ京田辺駅からのバスは一日数本という不便なところで、天王《てんのう》というバス停が最寄りですが、急勾配の坂を十五分ほど歩くと、車一台ようやく通れるくらいの細く、うねった道となり、もしや道をまちがったのではという不安を抱きつつ歩いていると、神社が見えてきました。山の中の桃源郷というのは大げさですが、人家もまばらな山村の集落には不似合いな手の込んだ建築様式、広い神域をもった神社です。祭神の迦邇米雷王《かにめいかづちのみこ》は、古事記の開化天皇のくだりに記された系譜によると、神功皇后（息長帯姫）の祖父にあたる人です。別名を朱智王といい、息長氏にとっては始祖的な人であるといえます。

朱智神社のごく近隣にある入道ケ谷《にゅうどうがだに》の「入」が丹生を連想させますが、バス停にもつかわれている天王《てんのう》という地名は音によって天皇に通じており、皇族系氏族である息長氏に由来するともいわれています。田畑が広がる坂道を下ると、次の地区が水取《みずとり》。白洲氏は古代、この地には「水取の連《むらじ》」という一族がいて、灌漑工事などを司っていたという地元の伝承を紹介していますが、水取とは、水銀にかかわる地名である可能性があります。京田辺市の近隣の京都府綴喜《つづき》郡井手町あたりもマンガン鉱山の集中地で、朱産地であったかもしれないからです。

息長氏ゆかりの観音寺からは南東約六キロのところに、一九五三年、三十面以上の「三角縁神獣鏡《さんかくえんしんじゅうきょう》」という銅鏡が出土して大騒ぎとなったと伝わる椿井大塚山《つばいおおつかやま》古墳（木津川市）があります。二〇〇メートル級の前方後円墳ですから、天皇陵に匹敵する巨大古墳。石室内部は朱色に塗られ、大量の朱砂がまかれていたと報告されています。

古墳の前方部と後円部を分断するようにＪＲ奈良線が敷設されており、古墳のうえに民家が立ち並ぶという驚くべき景観を呈しています。このような場所に巨大な前方後円墳があるとは誰もおもわないまま、宅地化がすすんでいたのです。

三角縁神獣鏡に聖なる動物たちといっしょに描かれている女神を西王母《せいおうぼ》といい、道教の信仰では、不老不死の薬を持つ仙女とされています。朱・水銀は仙薬の重要素材ですから、西王母によって、三角縁神獣鏡と朱の世界は直結しています。埋葬空間を朱によって彩ることは、弥生時代の九州北部にはじまり、古墳時代が終わったあとの天武天皇の陵墓にも見えるのですが、それは単なる「装飾」ではなく、永遠の生命を渇望する神仙思想にかかわっているという話もよく耳にすることとです。

「魏志倭人伝」には、魏の皇帝が卑弥呼に「銅鏡百枚」を与えたという記述があり、三角縁神獣鏡こそ「卑弥呼の鏡」であるという有名な説があります。三角縁神獣鏡は近畿地方に集中しているので、ひと昔まえまでは、卑弥呼が魏からもらってそれを配布したという論法で、邪馬台国畿内説の決定的な証拠とされていました。これには反論もあって、論争の決着はついていないままですが、鏡の研究は一段と緻密になって、新たな視点も提供されているようです。

京田辺市にある朱智神社と息長氏の寺、木津川市の巨大古墳と三角縁神獣鏡。木津川流域のこの地域は古代における繁栄が明らかで、そこには朱の気配が漂っています。木津川の上流域は最大の朱産地である奈良県宇陀市ですから、川によって朱とかかわっていた可能性もあります。木津川を下ると京都府八幡市。全国にひろがる八幡信仰のもうひとつの中心である石清水《いわしみず》八幡宮が鎮座しています。たびたび話題としているように、八幡信仰は朱の歴史とかかわりそうなので、これも気になることです。

息長氏の寺

十一面観音のある観音寺から、川沿いの道を二十分ほど歩いたところが同志社大学京田辺キャンパス。正門のすぐそばに、継体天皇の王宮伝承地「筒城宮址《つつきのみやあと》」の石碑が建っています。外来者でも自由に見学できる場所です。

いまの福井県域に住んでいた継体天皇は、大伴氏ら重臣たちに擁立され即位したものの、すぐには奈良盆地に入っていません。反対勢力があり、入れなかったという説もありますが、奈良周辺を転々とする時期がつづきます。ここはその当時の王宮伝承地のひとつです。継体天皇が奈良盆地に入ったあとの王宮伝承地は桜井市池之内。朱の鉱床のひろがる多武《とうの》峰《みね》のふもとです。
さらに普賢寺川《ふげんじがわ》を下って、木津川と合流するあたりにある飯岡には「朱大王」という皇族の墓と伝わる古墳があります。ここでも「朱」の文字に目を奪われますが、継体天皇のひ孫にあたるという系譜が伝わっており、三国《みくに》氏の始祖とされています。三国氏は息長氏と同じく、天武天皇の定めた真人の姓をもつ皇族系氏族です（宝賀寿男『古代氏族系譜集成』）。
観音寺でいただいた略縁起によると、天武天皇のときからの前史があるようですが、聖武天皇の意向により良弁が伽藍を整えたといいます。それにつづけて注目すべき文面があります。

良弁僧正の高弟で、有名な奈良のお水取りを初められた実忠和尚を第一世とします。（中略）御本尊十一面観世音菩薩はこの普賢教法寺（筆者注：観音寺の正式名称）の御本尊で、古記録によりますと天平十六年（七四四）安置されたものであります。

十一面観音がこの寺に置かれたのは、聖武天皇が大仏建立を表明した次の年です。大仏のプロジェクトと連動している気配を漂わせています。

七五二年の春に何が起きたのか

絵巻物「二月堂縁起」によると、実忠がはじめてのお水取りを執行したのは天平勝宝《てんぴょうしょうほう》四年（七五二年）二月で、それ以来、源平の戦いで大仏殿が焼け落ちたときも、江戸時代、二月堂が火事にあったあとの修復中も、第二次世界大戦の末期、国中が疲弊し宗教行事どころではなかったときも、一回たりとも休止することなく継承されてきたので、「不退の行法」と称されています。

大仏をお披露目するための開眼供養の式典は、七五二年四月におこなわれていますが、この年の二月、実忠による第一回のお水取りが執行され、その翌月の三月十四日、大仏への鍍金作業がはじまっています。開眼供養のセレモニーのとき、大仏は未完成で、黄金の大仏は出現していなかったことになります。

実忠がおこなった最初のお水取りは、どのような内容だったのでしょうか。それを知ることは困難ですが、その後、様式化して現在に伝えられているのは、松明をかかげた僧侶が躍動する、火祭りの性質のつよいものです。

提唱者は不明ですが、火祭りとしてのお水取りは、鍍金《めっき》作業をシンボライズしたものという説があります。金を水銀に溶かし込んだアマルガムを大仏の表面に塗りつけたあと、松明などの火をかざして、水銀を気化させることで除去する作業が推定されているからです。言葉遊びのような発想ですが、大仏に塗りつけた水銀と金のアマルガムから水銀を取りのぞく作業——簡単に言ってしまえば、大仏の鍍金作業に、お水取りのはじまりを見ることになります。実忠による第一回のお水取りの儀式が、鍍金作業がはじまる一か月まえに執行されているという史実とも整合します。

福井県小浜市でおこなわれているお水送りは、写真で見ると、寺僧らは、頭巾のようなもので顔まで覆い隠す、異様な雰囲気の白装束をまとっています。奈良時代の人たちも気化した水銀の有害性は知っていたでしょうから、顔を防護する機能があるようにも見えてきます。

現代の私たちにとって、鍍金は工程のひとつにすぎないようにみえますが、当時は水銀が金を溶かし込むアマルガムの現象もふくめて、神秘的な営みだったのではないでしょうか。「東大寺造立供養記」は平安時代末、大仏殿が焼失したあとの再建の記録ですが、「黄金ありといえど、もし水銀なくば、すなわち仏身なりがたし」という文面があり、鍍金作業の宗教的価値を暗示しています。

こうした推論をすすめてゆくと、お水取りの創始者である実忠は、水銀アマルガムに精通した技術者としての一面をもっていたのではという連想に導かれます。実忠のインド人説も、そのあたりに関連するのかもしれません。空海が伝えた密教にうかがえるとおり、古代インドは水銀にまつわる神秘的な医学と化学の盛んだったところで、それはイスラム世界を経由してヨーロッパに伝わり、錬金術の誕生につながったともいわれています。

十一面観音と朱産地

白洲正子氏が著書『十一面観音巡礼』でつよく示唆しているように、十一面観音が朱や水銀とむすびつくことが事実であるとしたら、なぜ、そうした信仰が生じたかが問われることになります。私には白洲正子氏のように仏像の美に関する知識はありませんし、仏教の歴史を研究しているわけでもないのですが、朱の歴史を追っているうちにひとつのアイデアを得たので、簡略に書きのこしておきます。

十一面観音の十一（あるいは十）の小さな顔は、慈悲の表情、憤怒の表情、歯をむき出しにした顔、怒りと笑いが混ざったような顔などさまざまな表情をもっています。この多様な表情が、朱の物質的な特徴である変化自在の様相と一致しているように見えます。古代において朱は貨幣に準ずる交換価値をもっており、富の源泉であるのですが、最も美しい赤色塗料としての価値もあるし、薬としても利用されています。また加熱することで水銀を得ることができ、それは肌を美しく装う白粉の原料です。水銀は金を溶かし込み、銅製の大仏に黄金の輝きをもたらす神秘的な性格もそなえています。

その一方、朱の変化した水銀はつよい毒性をもち、少なからぬ人に苦しみをもたらしたことも事実です。恵みであるとともに、その裏面において「悪」の形相をもつこと。こうした善悪二つの側面は、日本の神々の荒御魂《あらみたま》、和御魂《にぎみたま》という二面性にも重なっています。そのうえ、さらに複雑に変化する多面的な性格によって、朱は十一面観音にむすびつくのではないでしょうか。

朱がもたらす美と富に感謝するとともに、人々に災厄をもたらすことのないよう祈った時代があった。それはお水取りの秘儀のなかに継承されているのではないか——。もし、そうであるならば、お水取りとは、日本列島の地質的な宿命とむすびついた、とてつもなく深い祈りであるといえます。最大の朱産地である奈良で、お水取りがたえることなく継承されてきた意味を、そう理解することもできるとおもうのです。

そこに「朱の王国」としての邪馬台国の残照を見ることができるかどうか。これも今後、検討していくべきテーマです。そのかすかな光は、私たちの生きる現代にまで届いているからです。

アマルガム鍍金によって黄金に荘厳された大仏は、「朱の王国」の技術文化の到達点であり、それを記念するモニュメントのようにも見えます。大仏の鍍金に必要な水銀を確保するため、大量の朱が全国各地の産地から集められたことも想定できることです。「お水送り」の伝わる福井県小浜市を、そうした事例のひとつとして考えてみました。

歴史のうえで奈良が日本の中心だったのは、邪馬台国の時代であり、古墳時代のはじまりでもある三世紀から奈良時代の八世紀までですが、本稿の視点からは、巨大な朱の鉱床もやがて枯渇してゆくなかで、地域としてのパワーを失っていった歴史が浮かび上がってきます。その後の奈良で、有力な戦国武将が出現して古都を城下町へと改造することもありませんでしたし、地元企業が発展して経済都市としての再編がすすむこともなかったので、結果的にはそれが幸いして、多くの古墳のほか、古代の寺院や町並の痕跡が奇跡のようにのこっています。京都を訪れても、平安京の原形さえ見えなくなっていることと好対照です。このことは逆算的にではありますが、奈良の都をつくりあげた歴史の主役が、朱という鉱物であったことを物語っているのではないでしょうか。

奈良から京都へ、政治の中心が移動し、日本の歴史の新たな章が幕を開けます。平安京への遷都は、「朱の王国」として繁栄した古代社会の終わりを告げる象徴的な出来事として見ることもできそうです。

白洲氏の滋味あふれる紀行文学を、味気ない即物的な解釈に援用しているようで、白洲ファンの方々からおしかりを受けそうですが、白洲氏はもうひとつ重要なヒントをのこしてくれています。「十一面観音が一番多いのも、たしか三重県であったと記憶している」と前置きした文章を、「そこには勿論、天照大神《あまてらすおおみかみ》と十一面観音を、同体とみなす思想があったのはいうまでもない」と結んでいるのです。この言葉を手がかりのひとつとして、最後の章では伊勢神宮が朱の歴史につながる道筋を探ってみます。

第五章　伊勢——なぜ、そこに国家的な神社があるのか

謎だらけの起源

これまで繰り返し書いてきたように古代日本における最大の朱産地は奈良ですが、じつはそれに匹敵する規模の産地があります。それが三重県の伊勢地方です。

ご存知のように、この地には天皇家の先祖神を祀る伊勢神宮が鎮座しています。これは偶然の一致であるのか、そうではないのか。本章の起点はそこにあります。

奈良、京都から近いとはいえない伊勢に天皇の先祖神を祀る神社があるのは奇妙なことで、かねてより種々の議論があります。関東や東北などににらみをきかす軍事拠点であるという直木孝次郎氏の有名な説では、「なぜ皇室が伊勢神宮を尊んだかといえば、五世紀中葉以降、皇室を中心とする朝廷の東国経営がすすみ、伊勢地方がその前進基地として重要視されたことによる」(『古代国家の成立』)と説明されています。伊勢神宮の創始をずっとあとの天武天皇の時代(七世紀後半)とする説もあり、天武天皇の妻である持統《じとう》天皇が天照大神《あまてらすおおみかみ》のモデルとみなされています(筑紫中真『アマテラスの誕生』)。

天照大神の性格については、農作物の豊かな実りをもたらす太陽神という理解が一般的ですが、伊勢という鎮座地に着目して、本来は漁労民の祀る太陽神にすぎなかったという説もあります。太陽神という解釈にもとづき、海からのぼる朝日の美しさによって、伊勢は天照大神の鎮座地となったと考える人もいます。

天皇家の先祖神を祀る神社があるにもかかわらず、記紀神話の舞台としての存在感がきわめて乏しいことも、伊勢をめぐる謎のひとつです。

古代史を専門とする東京大学の現役教授である大津透氏がこれまでの研究史を、「実のところ、天皇制と密接に関係する伊勢神宮の祭祀については、いつ成立したのか、謎だらけである」（『神話から歴史へ』）と総括しているように、伊勢神宮の起源は未解決のまま今日に至っています。

伊勢神宮は朱の鉱脈に鎮座している

三重県多気郡多気町《たきちょう》に丹生《にう》という地名と丹生神社があり、神社のすぐ近くに一九七〇年代まで稼行していた水銀鉱山があります。町役場に問い合わせたところ、丹生の集落まで最寄りのバス停から歩いて一時間ちかくかかると言われ、驚きましたが、途中に中央構造線の露頭があるという言葉にひかれて歩いてみました。

おきん茶屋というバス停からの道は西から東に向かうので、中央構造線とほぼ同じ方向

写真６　中央から右下へ続く地層の境界が中央構造線

ですが、途中で中央構造線を横切るような位置関係にあり、そこで露頭のある崖地を見ることができます（**上の写真**）。目測ですが三〇メートルくらいの高さの崖の北側（左側）は赤っぽい花崗岩質の領家帯、南側（右側）の硬質で黒いほうが三波川帯、その境界が中央構造線とよばれる断層です。中央構造線の存在を目でたしかめ、手で触ったあと、朱産地に向かう一時間の徒歩は有意義なものですが、バスの本数がすくなすぎるのが難点。複数人数での旅行ならレンタカーかタクシーをおすすめします。

丹生神社のあたりを中心として「丹生千軒」と称された鉱山都市が形成されており、そのはじまりは不詳ですが、平安時代から鎌倉時代が最盛期といわれています。広い境内をもつ丹生神社と隣接する神宮寺（真言宗）のみごとな山門が繁栄の跡をとどめており、寺からまっすぐ伸びている町並は門前町の構造をのこしていますが、現状は人影もとぼしい小集落です。古い技術による採掘は室町時代ごろ限界に達したようで、戦前の昭和期に再開発されるまで長い空白期間がありました。

丹生神社ちかくの坑道は、全国でただ一つの一般公開されている朱・水銀の鉱山です。見学できるのは二メートルちょっとの高さの坑道の入り口部分だけで、ここは近現代の採掘場所です。

この一帯では弥生時代から中世に至る五百ちかくの採掘跡が確認されています。調査責任者である奥義次氏によると、地面を鍋状に広く掘り下げる露天掘り、タテ、横、斜めのいずれかの方向に細く掘り進める坑道型の採掘跡の二種類があり、一般論としては、露天掘りがより古い時代の採掘といえるそうです。坑道の長さは、測量が可能な地点までの距離でいえば、横穴式で奥行き一〇メートル以上が最大クラス。露天掘りでは穴の広さが三五×三〇メートル、深さは一〇メートルが最大です。

白洲正子氏が訪れた十一面観音で有名な近長谷寺《きんちようこくじ》は、丹生神社から徒歩三十分ほどのところ。町立図書館に付属した郷土資料館に、昭和期の鉱山でつかわれた器具や鉱石などが

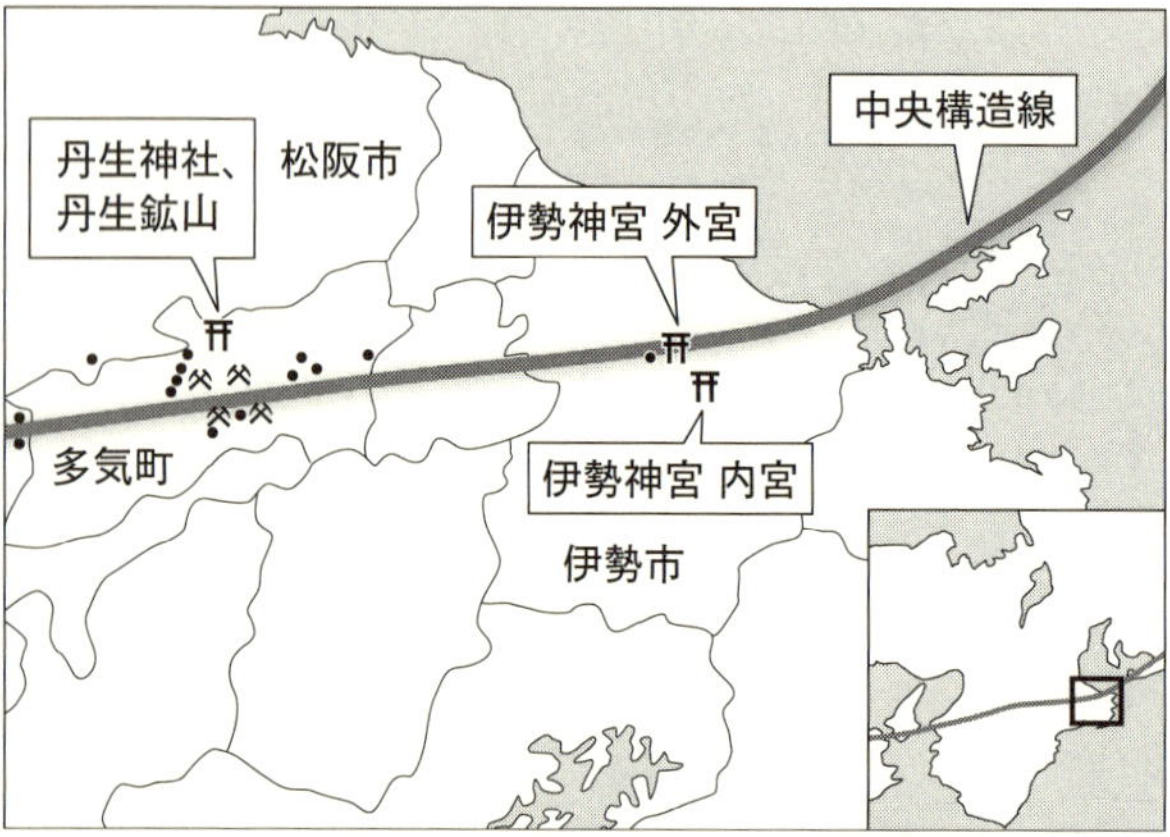

図6　伊勢地方の朱の鉱床群の東端に伊勢神宮は鎮座

注1　「地学研究」(2005年4月号) 木村多喜生「三重県丹生地域の水銀鉱床」のデータをもとに作図。

注2　●は朱の鉱石の確認地、⚒のマークは朱（水銀）鉱山の跡。

展示されています。

この地域の鉱床の概要と歴史は、『丹生水銀鉱採掘跡分布調査報告』（多気町教育委員会）で知ることができます。考古学、地質学、文献史学など多方面からアプローチした充実した内容の報告書です。

伊勢地方の朱の鉱床は東西二六キロ、松阪市から丹生神社と鉱山跡のある多気町を経て、伊勢神宮のある伊勢市におよんでいます。中央構造線の南北それぞれ一キロくらいの範囲に鉱床が集中しています。奈良県の朱産地と同じく、千五百万年まえの巨大な火山活動にともなう熱水鉱床です。

伊勢地方で朱の鉱石が確認されているエリアのいちばん東端にあるのが、伊勢市辻久留で、そこは伊勢神宮の外宮《げくう》の隣接地といってもいい場所です。朱が確認された場所は採石場で、『三重県鉱物誌』では、「蛇紋岩《じゃもんがん》中に発達する幅二センチ以下のドロマイト脈および玉髄脈に伴って産し、特に脈壁附近に鮮紅色の微粒がわずかに鉱染し、斑点状を示す」と説明されています。しばしば話題になるように、伊勢神宮の外宮は中央構造線の真上といってもいい場所に鎮座しており、朱の産業と信仰の歴史をかんがえるうえで避けて通れない神社です。

朱座――伊勢商人の前史

この本のテーマは朱の古代史ですが、関連するところもあるので、ごく簡略に鎌倉時代以降についても紹介してみます。一二世紀の源平の合戦のなかで大仏殿が炎上し、その再建が図られたとき、伊勢神宮の神官家とみられる大中臣《おおなかとみ》（下の名は不明）という人が水銀二万両（約七〇〇キロ）を献上した記録があります。旧宅で見つかったという不自然な記述で、個人の隠し財産なのか神社の所有物であったのか不明ですが、朱・水銀は伊勢神宮が広大な神域を維持する財源のひとつであったことがうかがえます（「東大寺造立供養記」）。

「今昔物語」の十七巻、二十九巻に伊勢の朱産地を題材とする説話が出ており、水銀を扱う商人の裕福さ、輸送中の水銀商人を狙った山賊の横行、細いトンネル状の坑道での事故が描かれています。日本の商業史には「座」という排他的な同業者組織がみえますが、伊勢の丹生を中心として朱座あるいは水銀座があったことが知られています。荘園の分布などから、伊勢神宮、天皇家、貴族層の支配が複雑に入り組み、そこに在地の武士や商人の利権が交錯していたとかんがえられています。

多気町の丹生から北東六キロほどのところ、櫛田川でむすばれた下流に松阪市射和《いざわ》という集落があります。江戸時代、化粧用の白粉の生産で全国に知られたところでしたが、そのころには丹生の朱産地は枯渇し、輸入された水銀が原料になっていたようです。丹生と射和の商人について、『国史大辞典』は「水銀座」の項目でこう説明しています。

近世松阪商人が商業上雄飛するに先立ち、丹生・射和（松阪市射和町）の商人が伊勢商人として活躍したが、多くは水銀および射和で水銀より製した伊勢白粉などの販売により資力を大きくしたという。

日本の経済史を大きな流れでみれば、伊勢地方における資本蓄積のなかから、江戸時代の商業資本が成長しています。いわゆる伊勢商人を経由するかたちで、朱の歴史は現代日本の経済界と連結していることになります。

南北朝時代、南朝を支える柱として活躍した公家の北畠氏は、その後も伊勢国の国司を世襲し、やがて戦国大名に変じています。織田信長に敗れるまで伊勢国を領国としていました。地元研究者の田畑美穂氏がまとめた『伊勢水銀異聞』によると、北畠家の重臣であった永井氏が丹生の朱産地を支配しており、三井家の始祖とされる三井高利の母親はこの永井氏の子孫で、白粉づくりの町であった射和の人であるそうです。江戸時代に三井家の越後屋は豪商となり、明治時代、三井財閥として飛躍することはごぞんじのとおりです。三井物産、三井住友銀行、三越（三井越後屋の略称）。こうした有名企業に名をとどめる三井家の歴史は明らかに丹生と射和の朱と水銀の営みにむすびついています。

ところで、伊勢の朱産地に伝わる奇妙な古文書があります。延文三年（一三五八年）なので、南北朝時代の争乱期ですが、朝廷の内蔵《くら》寮という財政や宝物を管理する役所の報告書です（『勢和村史　通史編』）。

当寮領伊勢国丹生山水銀惣奉行藤原氏女申す。商人等の新儀非法の事、奏聞のところ、事実たらば、はなはだ然るべからず。

朝廷に属する朱産地の責任者と商人とのあいだに何かトラブルが生じたようすですが、目を引くのは、責任者の「藤原氏女」です。女性であるので実名ではなく、ただ「女」とだけ記録されているのですが、なぜ、朱産地の現場責任者が藤原氏の女性なのでしょうか。これも謎めいた記録です。

伊勢・奈良・丹波

伊勢神宮とは、内宮《ないくう》（皇大神宮《こうたいじんぐう》）、外宮《げくう》（豊受大神宮《とようけだいじんぐう》）という二つの正宮をあわせた呼称で、四キロほどの距離がありますが、まず外宮にお参りし、ついで内宮に向かうのが正式であるそうです。外宮と内宮とをむすぶバスが頻繁に行き来しており、地域一帯が巨大な宗教的テーマパークの様相を呈しています。

内宮には奈良から移された天照大神、外宮には丹波国（京都府北部など）から移された豊受大神《とようけのおおかみ》が祀られています。伊勢、奈良、丹波。この三つの地域のかかわりを、どのように考えることができるか。

まず、奈良と伊勢の関係です。日本書紀によると、天照大神は本来、王宮内部で祀られていたといいます。しかし、崇神天皇はその神威を恐れるあまり、娘の豊鍬入姫《とよすきいりひめ》に託して、奈良の笠縫邑《かさぬいむら》に神域をもうけて祀らせたというのです。その場所がどこかは諸説ありますが、大神《おおみわ》神社に隣接して鎮座する檜原《ひばら》神社が伝承地のひとつです。伊勢神宮よりも古い時代から、天照大神の神殿があったという意味で、「元伊勢」を称しています。

つづいてヤマト姫（垂仁天皇の娘）が豊鍬入姫から天照大神の祭祀をひきつぐのですが、各地を遍歴したあと、伊勢の地に至ったとき、天照大神が「この国に居たいと思う」と言ったので、そこにとどまったという話になっています。日本書紀に示されている巡行のルートは宇陀の篠幡《ささはた》を経て、近江、美濃、伊勢となっています。

朱の採掘が文字記録にあらわれるのは奈良時代の直前からで、「続日本紀」の文武天皇二年（六九八年）のくだりに、伊勢（三重県）、常陸（茨城県）、備前（岡山県）、伊予（愛媛県）、日向（宮崎・鹿児島県）の五か国から朱沙が、豊後国（大分県）から真朱が献上されています。朱沙と真朱の使い分けは砂と石の違いによるのか、品質の差によるのか不明です。その後、記録のうえでは常陸、備前、日向などの朱産地の動向はほとんど見えなくなり、伊勢が国内最大の産地として圧倒的な存在感を示しています。

朱の採掘の歴史では最末期となりますが、一九七〇年の統計記録をみると、生産量の国内シェア（水銀換算）は北海道六五％、奈良県二四％、三重県一一％となっており、三重県の伊勢地方は国内三位の産地です。この時期、九州、四国の産地での採掘はゼロとなっています。数多い古代朱産地のうち、最後の最後まで生命力をもっていたのは、奈良と伊勢の二か所だけですから、このふたつの産地がいかに凝集性にすぐれた熱水鉱床であったかを証明しています。

北海道は昭和期に発見された新しい鉱床なので比較対象になりませんが、奈良と伊勢の比率が二対一というのは目安になる数値です。こうした近現代の記録や鉱床全体の調査をふまえて、古代においても、奈良の方が伊勢よりも大きな産地であったと見る研究者がほとんどですが、奇妙なことに、奈良における朱の採掘を記録した古代の文献が見当たらないのです。

記録の不在については、奈良はヤマト王権のお膝元なので、献上の記録がのこっておらず、その結果、後世に伝わらなかったと見る向きがあります。また、日本書紀などの史書が編まれたのは八世紀の奈良時代ですが、奈良の朱産地はとっくの昔に枯渇し、その記憶も消えかけていたと考えることもできます。

桜井市の茶臼山古墳をはじめとして、埋葬空間が朱によって彩られている事例は多いのですが、以前は、文献上の記録がないことを根拠として、奈良の古墳の朱を中国産あるいは伊勢産とする説もありました。それが理化学的な分析によって、茶臼山古墳の朱は奈良産であることがほぼ間違いないとされ、ようやく異論が出なくなりました。

古代の文献のうち、唯一、関連する記述が見えるのは万葉集で、最大の朱産地である宇陀を題材とするこんな作品があります。

倭《やまと》なる　宇陀の真赤土《まはに》の　さ丹着《につ》かば　そこもか人の　吾《わ》を言《こと》なさむ

（作品番号1376、第一句は「倭の」とも）

奈良時代、宇陀での朱の採掘は途絶えていた気配もありますが、朱い風景はのこっていたようです。

政治都市か、経済都市か

目下、邪馬台国の最有力候補地となっている桜井市の纒向遺跡エリア。その発掘の中心メンバーであった考古学者、石野博信氏は「纒向遺跡は、一八〇年から三五〇年にかけて突然あらわれ、そして突然に消滅した。自然発生の集落ではない」(『邪馬台国の候補地・纒向遺跡』)と述べています。稲作農業に基盤をおく伝統的な集落ではなく、全国各地からリーダーが集う政治的な都市であり、邪馬台国にちがいないという論が展開されています。つまり、日本列島の首都であったということです。

纒向遺跡で農業が営まれていた形跡がないことも、首都である根拠とされることがあります。東京のど真ん中に畑も水田もないことと同じだという理屈です。箸墓《はしばか》古墳をはじめとする巨大古墳。当時の日本列島では最大級の建物遺構。巨大な人工水路。繁栄をきわめた纒向遺跡ですが、居住者の生活する痕跡が四世紀半ばを境界線として見えなくなっており、こうした突然の出現と消滅が纒向遺跡をさらにミステリアスな存在にしています。

纒向遺跡については、田中八郎氏が『大和誕生と水銀』で述べているように、朱と水銀の交易で繁栄した商業的な都市とする説がありますが、こちらは少数意見です。桜井市に前方後円墳の文化が誕生し、当時の日本列島における繁栄の中心であったのは確実なのですから、議論の分かれ目は、巨大な集落を「政治都市」と見るか、「経済都市」と見るかということです。経済の視点からすると、奈良の朱の鉱床の発見と枯渇が、纒向遺跡の突然の出現と消滅に連動しているように見えます。

今回、取材に訪れた長崎県の波佐見鉱山は、最盛期には従業員だけで千人を超え、競馬場や遊郭まである鉱山都市が出現していました。大正時代の閉山からかなりの時間が経過しているとはいえ、周辺に鉱山都市の痕跡は見えず、農村風景に逆戻りしています。鉱山都市はある時、突然、消滅するものです。

もし、纒向遺跡が朱産地を背景とする大集落であったとすると、鉱床の枯渇とともに、採掘者は次の現場を目指してこの地を去ったことになります。奈良県内のほかの朱産地かもしれないし、京都府や滋賀県に広がるマンガン地帯かもしれませんが、伊勢が最大の移住先であったことは当然、推定されることです。奈良から伊勢に至ったヤマト姫の遍歴を、次なる鉱床の探査と発見をシンボライズした物語として読むこともできるとおもうのです。

卑弥呼はヤマト姫——内藤湖南の邪馬台国論

邪馬台国についての論述は江戸時代以前にも見えますが、近畿説と九州説が二大陣営をなして対立する論争の構図ができたのは一九一〇年（明治四十三年）のことです。近畿説の内藤湖南《こなん》（京都帝国大学教授）、九州説の白鳥庫吉《くらきち》（東京帝国大学教授）が相次いで学術論文を発表、論争の口火を切りました。

内藤湖南は論文「卑弥呼考」において、邪馬台国とはヤマト王権そのものであり、「魏志倭人伝」がしるした卑弥呼とは、ヤマト姫のことであると主張しています。卑弥呼はほとんど人前に姿をあらわさず、政治の実務は弟が担っていたという「魏志倭人伝」の記述をふまえ、景行天皇を「卑弥呼の弟」にあてています。記紀にしるされた系譜では、景行天皇、ヤマト姫はともに垂仁《すいにん》天皇の実子とされています。

奈良にあった天照大神の神殿が伊勢に移動したことは、「一種の宗教的領土拡張」であり、その勢いが盛んであったのを目撃した魏の使者は、ヤマト姫をこの国の女王であると誤認したというのです。

内藤湖南は邪馬台国とヤマト王権を同一視する「近畿説」の始祖的な存在として尊重されていますが、「卑弥呼＝ヤマト姫説」を継承している人はほとんどいません。現代の知見においては、景行天皇と卑弥呼が同じ時代の人物とは言いがたいうえに、ヤマトタケルと同じくヤマト姫についても、実在の人物というより、伊勢神宮の皇族祭祀者を象徴する人物像とみる説が優勢であるからです。

ヤマト姫（内藤説では卑弥呼）が祭祀者として長期滞在しているのは伊勢ですから、内藤説は「邪馬台国伊勢説」に半ば足をかけています。控え目にいっても、伊勢は奈良に次ぐ邪馬台国連合の重要拠点という位置づけです。

二、三世紀の日本（倭）には、邪馬台国を盟主とする連合国家があり、「魏志倭人伝」に三十くらいの地域国があげられていますが、伊都国、末盧国など一部を除き、その多くは所在地不明で諸説紛々としています。内藤説による比定地には、三重県が目立っており、「伊邪国《いや》」は伊雑宮《いざわのみや》（志摩市にある伊勢神宮内宮の別宮）エリア、「蘇奴国《さな》」は多気郡多気町の佐奈、「躬臣国《くじ》」は松阪市櫛田あたりといった具合です。多気町、松阪市は朱の鉱床にふくまれていますが、論文で朱産地への言及はありません。

このように、内藤の論文は伊勢地方をクローズアップしており、邪馬台国を「朱の王国」とする本稿にとって非常に興味深い内容です。ヤマト姫は景行天皇の妹、ヤマトタケルの叔母ですから、〝朱の人脈〟にどっぷりつかっているともいえます。「内藤湖南　卑弥呼考」で検索すれば、「青空文庫」というサイトで公開されているこの論文がみつかるはずです。

序章で紹介した武藤与四郎氏の『日本における朱の経済的価値とその変遷』は、卑弥呼のいた邪馬台国の所在地を伊勢としています。「邪馬台国伊勢説」を史実として認めることは難しいとしても、奈良から伊勢につらなるエリアを、邪馬台国からヤマト王権の時代の動向に重ね合わせる視点は、内藤湖南の邪馬台国論と共通する要素をもっています。

奈良と伊勢をむすぶ東西のラインは、序章の地図で示した四つの朱の鉱床群のうちでも、突出した規模を誇る「大和鉱床群」と完全に重なっています。中央構造線と太古の巨大噴火によって形成されたこの鉱床群こそ、古代日本のルーツにかかわっているはずです。

三輪から伊勢へ

いつのことかは不明ですが、奈良から伊勢へ、朱産地の中心は移動したようです。それに関係があるかもしれないある事件が、日本書紀に記録されています。こちらは七世紀末ですから、神話的な時間は終わり、歴史時代のリアルな記述です。夫である天武天皇のあとをついだ持統天皇はその治世の六年目の三月、伊勢に行幸する計画を表明しました。それに対し、中納言の三輪高市麻呂《みわのたけちまろ》が農作の繁忙期なので中止するべきだと直言したのです。ところが、伊勢行きがそのまま準備されていると知ると、中納言の職を賭して再度、反対を表明するのですが、結局、聞き入れられず、持統天皇は伊勢に向かい、二週間くらい滞在しています。

この顚末は「万葉集」「日本霊異記」などにも出ているので、当時の大事件であったことがわかります。中納言の位を辞してまで、農民の暮らしに心を配った硬骨漢。そんな美談としても伝えられていますが、中堅出版社の創業者で有名な古代史家でもあった大和岩雄氏が「伊勢神宮行幸に大三輪氏のみが反対している」と指摘したうえで、述べているとおり、この事件の背後にあるものは、奈良盆地の三輪と伊勢のあいだに生じた、日本の聖地のトップの座をめぐる争いだということは明白です（『日本の神々④　大和』）。

三輪高市麻呂はオオタタネコを始祖とする三輪一族の族長です。そして、古代においては最も権威ある宗教空間であったとおもわれるのが大神《おおみわ》神社であり、今でも「最古の神社」を標榜しています。持統天皇が二週間も伊勢に滞在した理由は不明ですが、伊勢神宮が国家的な祭祀の中心として、歴史の表面に浮上することとかかわっているはずです。

この問題はその後もくすぶりつづけ、中世になって大神《おおみわ》神社に付属する大御輪寺《だいごりんじ》などで、仏教理論をからめた三輪流神道が創始されたとき、天照大神と三輪の神は同体で、本来は三輪の神のほうが格上であるという言説を生んでいます。神仏混淆の時代、大御輪寺で十一面観音が崇敬されたのもそのような動きのなかでのことでした。

伊勢神宮の歴史はその起源をふくめて謎につつまれていますが、ここでも持統天皇の夫で前帝でもある天武天皇がキーマンとなっています。古代における関ヶ原の戦いともいわれる壬申の乱のドラマは、奈良の吉野で逼塞していた天武天皇（そのときは大海人皇子）が妻たちをともなって密かにこの地を抜け出すことで幕が開きました。一行は宇陀を経て、伊勢に向かいます。吉野の隠遁地を出立して、翌々日の朝、天武天皇は伊勢の地において、「天照太神を望拝《たよせにをろが》みたまふ」と日本書紀にしるされています。

伊勢神宮の前身をなすような社があったのかどうかもふくめて諸説紛々ですが、伊勢の地にひっそりと祀られていた天照大神を、国家的な祭祀のシンボルとして浮上させるプランは、天武天皇の意志であったとかんがえる論者は多いようです。

丹波の元伊勢

伊勢神宮の内宮と外宮のうち、内宮に祀られている天照大神は天皇家の先祖神ですから、こちらが明確に格上かというと、そうとばかりは言えないところがあります。外宮の敷地や建物など外形的な印象は内宮にひけを取りませんし、伊勢神宮には二つの中心があると

写真７　伊勢神宮外宮は中央構造線の真上に鎮座する

いう説明が腑に落ちます。

　外宮といわれる豊受大神宮の起源は記紀にはみえませんが、平安時代のはじめ、外宮神官の度会《わたらい》氏らが朝廷に提出した文書によって、雄略《ゆうりゃく》天皇に天照大神の神託があり、「丹波国の比治《ひじ》の真名井にいる豊受大神が御饌津神《みけつかみ》として招かれた」とされています（「止由気宮《とゆけぐう》儀式帳」）。御饌津神はふつう食糧神と解釈されるので、豊受大神は天照大神の食事を司る神として招聘されたと説明されますが、なぜ、地理的に近いとはいえない伊勢と丹波がむすびつくのでしょうか。私は長い間、この点につよい疑問を感じていました。

　京都駅から特急を利用しても二時間以上。駅を降りて、そこから天橋立として知られる三キロにわたる海の中の細長い砂州を歩いた先に、丹後国一の宮である籠《この》神社は鎮座しています。参道まえの石柱に大きく彫り込まれた文字は「元伊勢大神宮」。外宮の祭神である豊受大神の本籍地とされる京都府宮津市の籠神社は、潮の香りにつつまれた神域です。

境内で目を引くのは亀の背中にのった珍彦《うずひこ》の銅像です。神武東征伝承で水先案内をつとめる人物ですが、籠神社の宮司家は海部氏であり、珍彦は先祖として祀られています。古代朱産地の候補地とされるこの地にも航海民の姿が見えます。

籠神社によると、祭神は豊受大神、天照大神、天火明命《あめのほあかりのみこと》、海神《わたつみのかみ》、そして天水分神《あめのみくまりのかみ》。国内最大の朱産地にある宇太水分神社のくだりで紹介したとおり、水分神社は水銀とつながるという説があるので、天水分神は注目すべき祭神です。

丹波は京都府の中部、北部と兵庫県の一部をふくむ広域地名ですが、八世紀、丹波国のうち日本海エリアを分けて丹後国としています。丹後をのぞく丹波国はその後も同じ国名であるので、すこしわかりにくい話になっています。

これまで何度も紹介している『丹生の研究』では、京都府京丹後市の丹生神社、舞鶴市の大丹生《おおにゅう》、何か所かに点在する女布《にょお》が、古代朱産地の候補地としてあげられています。松田氏は「舞鶴湾の周辺をふくめて丹後半島に及ぶあいだで、水銀の鉱徴を示す紅色土壌を至る所で目にした。きわめて特異な朱砂地帯であるといってよかろう」と述べています。丹波、丹後。国名そのものが朱産地であることを示唆しているものの、採掘現場は不明で、〝見えない朱産地〟の典型とされています。

史実らしきものを抽出するとしたら、奈良の場合と同じく、鉱床の枯渇にともなう採掘集団の伊勢への移動があったのかもしれません。これはまったくの想像ですが、内宮は奈良から来た朱の採掘集団、外宮は丹波から来た採掘集団によって創始されたと考えたくなります。

丹後王国と浦島太郎

丹波国から分離された丹後国は、都から遠い地であるのに古代において驚くべき繁栄をきわめていたことが、考古学の調査によって明らかにされています。それをもとに古代史学者の門脇禎二氏によって一九八〇年代に提唱されたのが「丹後王国論」でした。弥生時代から古墳時代のはじめの京都府北部の日本海エリアには、奈良に匹敵するほどの政治勢力があったという学説で、学界のみならず、歴史マニアのあいだでも話題になりました（『日本海域の古代史』）。

丹後地方には、日本海側においては最大級の前方後円墳が点在し、そこから出土した中国製の銅鏡や宝物類には巨大な経済力が示されています。とくに弥生時代の鉄の分布においては、九州に次ぐ豊富さをみせているというあたりが、「丹後王国」にリアリティをもたらしています。「丹後王国論」に刺激され、この地に邪馬台国を求める説もいくつか登場しています。

丹後半島の海の間近に網野《あみの》銚子山《ちようしやま》古墳（京丹後市）はつくられています。全長一九八メートル。規模のうえでは天皇陵と同格ですから、この地域の繁栄のシンボル的な存在です。古墳には遊歩道ができており、墳丘の上までのぼってゆけます。

京丹後市には三六×三九メートルと、弥生時代としては規格外の巨大さを誇る方墳「赤《あか》坂今井《さかいまい》墳墓」があり、ブルーのガラス管玉とともに大量の朱を敷きつめた跡が発見されています。「赤坂」の名称とあわせて、朱の存在は明らか。朱に彩られた伊都国の「王墓」と同じように、弥生時代からの繁栄がこの地に存在した証拠であり、朱の輸出によってうるおった歴史を想定する論者もいます。

邪馬台国が「朱の王国」であったならば、伊勢は邪馬台国連合の重要産地のひとつであり、そこで採掘された朱が、陸路で北上、丹後の港から中国や朝鮮半島に輸出されていたこともありえます。奈良産の朱をふくめ、朱の輸出港として繁栄した歴史を「丹後王国」に想定することができるのであれば、「九州の朱産地の輸出拠点としての伊都国」という仮説と共通するイメージをもつことになります。

網野銚子山古墳から徒歩十数分で、「延喜式神名帳」にもでている網野神社があり、水江浦嶋子神《みずのえのうらしまこのかみ》を祀っています。この祭神は「浦島太郎」の昔話の原形である丹後国の伝説の主人公です。「丹後国風土記逸文」に記されている内容は、子ども向けの昔話とちがって、すこしばかりアダルトな内容です。男が舟にのって釣り糸をたれていると、亀がかかるのですが、亀は突然、美女に変身し、「わたしを愛してください」と迫ります。この女性は仙人の世界である「仙都」の住人で、男をそこへ連れていきます。

伝説は「万葉集」では長歌として出ており、「老いもせず　死にもせずして　永き世にありけるものを」（作品番号1740）と歌われているとおり、不老不死をねがう神仙思想に直結した物語です。

網野神社のまわりは、すこしさびしい商店街ですが、そのあと網野駅までは単調な幹線道路の歩道を三十分ほど歩くことになります。丹後王国の謎に心を奪われ、難しい顔をして歩いていたところ、アニメ風の美女たちをカラフルに描き、「丹後王国」の文字を大書きしたバスが近づいて来ます。一瞬、変な夢でもみているのかとおもいましたが、あわててカメラのシャッターを押しました。「丹後王国」とは何なのだろう？　電車に乗ったあと、スマホで検索したところ、「道の駅」が大拡張され、多くのレストラン、ショップが出店し、専属歌劇団、温泉ホテルまである一大娯楽施設になっていることがわかりました。二一世紀の丹後王国は、丹後名物の蟹と歌姫が出迎えてくれる食のテーマパークだったのです。

女神の系譜

本稿のプランは、日本列島を特徴づける朱という鉱物を手がかりとして古代史を読み直してみるというものですが、朱の歴史を取材しているうちに、そこにかかわる人物、神々、あるいは神と人の中間的な存在の多くが女性であることに気がつきました。

卑弥呼、神功《じんぐう》皇后、ヤマト姫、天照大神《あまてらすおおみかみ》、豊受大神《とようけのおおかみ》、そして朱の女神である丹生津《にうつ》姫《ひめ》、さらにはその変化体とされるミズハノメ。宇佐八幡宮の謎の主祭神である比売《ひめ》大神《おおかみ》も女性の神です。十一面観音は性別不詳ですが、白洲正子氏が「天照大神と十一面観音を、同体とみなす思想があった」と述べるとおり、女性をおもわせる造形です。伊勢の朱産地の管理者が、藤原氏の女性であることを示す古文書にも触れました。

さらに言えば、景行天皇が九州に遠征したとき、協力者として登場する族長は、神夏磯《かむなつそ》姫《ひめ》、速津《はやつ》姫《ひめ》という女性ですが、この遠征と朱産地とのかかわりは先に検討したとおりです。浦島太郎のオリジナルの伝説では、亀の正体は美しい女仙人ですから、これも朱にかかわる女性のひとりといえるかもしれません。八百比丘尼《はっぴゃくびくに》という超長寿の女性もいました。

朱の歴史をめぐる女性たちのなか、その象徴あるいは中心的な存在として存在しているのが天照大神であるように見えます。天照大神が太陽神としての赤い輝きによって朱につながってくるのか、それとも大地から出現する赤色の鉱石が、地平線からのぼる太陽を連想させるのか。どちらとも判断しがたいのですが、ここまで集めてきたデータから導かれるのは、伊勢は日本列島を代表する朱産地であるという地質的な条件によって、天照大神の神殿を有しているという仮説です。

九州最大の朱産地である大分県には、宇佐八幡宮が鎮座し、神功皇后が祭神となっていることを思い起こします。天照大神を伊勢の朱産地とともに理解することが許されるならば、神功皇后との共通点が見えてきます。それは火山列島の西と東にあって、朱の恵みをもたらす大地母神のイメージです。

ゆるやかにつながる続編という程度で、完全に整合する内容ではないのですが、文春新書の前作『火山で読み解く古事記の謎』では、科学者の寺田寅彦をはじめとする人たちの論考を頼りに、神話世界のなかの天照大神を火山や地震など荒ぶる大地を鎮める神として考えてみました。この章でテーマとした人間の歴史のなかの天照大神は、奈良と伊勢を居住地としており、朱の歴史と重なっています。前作も本稿も天照大神という底知れない深さをもつ神の、氷山の一角をなぜているだけではあるのでしょうが、この女神が日本列島のはるかな記憶とむすびついている気配は確認できたとおもいます。朱の道は火山の道と重なりつつ、日本列島にひろがっています。大地の歴史と深くむすびつくなかに、神々の歴史も、人びとの営みもあるとおもうのです。

なぜ天照大神は天皇家の先祖神なのか

記紀にしるされた天皇家の系譜によると、天照大神と天皇家のあいだには血縁関係があります。それは天照大神の孫にあたるニニギノミコトが天孫降臨神話で九州に降り立ち、天皇家の始祖となることによって説明され、神武天皇の東征伝説につながっています。ふつうの理解においては、天照大神は生物的な側面をもたない神さまですから、天皇家とのあいだに血縁関係が発生する道理はなく、科学的な世界観と象徴天皇制が定着した現代日本では、天皇家の神話的系譜はあまり意識されなくなりつつあるようです。しかし、それは天皇の歴史の本質を考えるうえで、避けて通ることのできない問題なのではないでしょうか。

なぜ、天照大神は神々の世界で最も高い地位を与えられ、天皇家の先祖神とされているのか。本稿のテーマのなかで考えると、天照大神は日本列島に豊かさをもたらした朱の女神であることによって、天皇家の始祖神とされたというアイデアに導かれます。神武天皇、神功皇后と応神天皇の母子、崇神《すじん》天皇、景行天皇。天皇家の系譜に位置づけられているこうした人たちは、いずれも朱の歴史における偉大な先駆者であると理解できるからです。前章で検討した皇族系氏族の息長氏が朱の産業に関係していることも、天皇一族と朱の歴史のつながりを実証しています。

朱の道は縄文時代へとつづく

伊勢神宮の内宮から西に約十キロ、三重県度会《わたらい》郡度会町の宮川の右岸で一九八六年から三次にわたる発掘調査によって、朱石を磨りつぶすための石器、朱の鉱石、朱で内部が真っ赤に染まった土器が大量に発見されました。森添《もりぞえ》遺跡と命名され、土器によって約三千年まえの縄文時代の後期末から晩期にかけての遺跡であると判明したのですが、調査責任者の奥義次氏を困惑させたのは、三重県では見かけない形状の土器がたくさん混じっていることでした。その後の調査によって、東北、北陸、長野県など中部高地の土器であることがわかり、縄文時代の交易ネットワークとして注目されることになりました。その背景がすべてわかっているわけではありませんが、奥氏をはじめとする研究者は、伊勢に産出する朱を求めて、日本列島各地の人たちがこの地を訪れていると解釈しています（『三重県史　通史編　原始・古代』）。

廃校となった小学校を活用した「度会町ふるさと歴史館」（開館日は毎週木曜と第二、第四日曜）で、朱の鉱石、朱石を磨りつぶすための石器といっしょに出土した縄文土器を見ることができます。朱の考古学の第一人者である奥氏からレクチャーをうけたのはこの小さな博物館でした。

森添遺跡についての予習が不足していたこともあり、伊勢の遺跡で発掘された全国各地の縄文土器に目を見張りました。そして、そのとき思い出していたのは、その数日前、奈良県桜井市の市立埋蔵文化財センターで見学した土器のことでした。

桜井市立埋蔵文化財センターは公立の展示施設ですから、抑制したトーンですが、纏向《まきむく》遺跡の一帯が邪馬台国であるという学説に沿った展示がなされています。纏向遺跡については、弥生時代の稲作集落のまったくなかったところに、三世紀はじめに突然、出現した「政治的なマチ」であると解説されており、その証拠物件として展示されているのが、北陸系、山陰系、吉備系、阿波系、東海系の土器です。各地の政治指導者が現在の桜井市に結集して、共同して前方後円墳を築き、新しく国家を立ち上げた。それがヤマト王権の前史をなす邪馬台国であるという主張が伝わります。

しかし、伊勢の縄文遺跡と同様に、奈良に産する朱を求めて、全国各地から訪れる人の絶えないところだった——というシンプルな解釈もありうることになります。伊勢神宮の足元から朱の鉱床が広がっているように、桜井市にある朱の山のふもとに大神《おおみわ》神社が鎮座し、纏向遺跡エリアが広がっているからです。そこは日本列島で最大の朱の鉱床であったことが、改めて思いおこされます。もっとも、纏向遺跡で朱の製造や流通にかかわる痕跡は見つかっていないのですから、奈良盆地に朱の産業があったとしても、その現場そのものではないようです。

これと関連してつけ加えておきたいのは、先にとりあげた大分市の丹生《にゅう》神社の南西一キロ、すなわち、ほとんど同じ場所に丹生遺跡という旧石器時代の遺跡があることです。日本列島で人々の生活の跡がはっきりと確認できるのは縄文時代よりさらに古い四万年ほどまえの後期旧石器時代からですが、大分県の朱産地の中心とみられている丹生神社の近くで、旧石器時代の営みが明らかになっているのです。旧石器時代の人たちもこの地に産した朱の石、丹生川の川底の朱砂に魅了されて、遠方から訪れたのだろうか。そんなことを空想してしまいます。

伊勢は最後の朱産地

神武東征の伝説をはじめとして、古代の日本には西から東へ、九州から奈良へと移動する人々の気配に満ちあふれています。本稿ではそれを、九州の鉱床の枯渇と新たな鉱床の探索とかんがえてみました。朱の鉱床をさがす営みは、奈良、伊勢を越えて、関東、東北にも及んだはずで、先に申し上げたとおり、埼玉県や千葉県にも丹生神社や丹生の地名を見ることができます。しかし、東日本には奈良、伊勢、九州に匹敵する朱産地は見出されませんでした。北海道で優良な鉱床が相次いで発見され、大規模な採掘がはじまったのは昭和期で、もはや現代史の領域です。

古墳時代の三世紀から平安時代までの十世紀ほどのあいだ、政治、軍事、経済などあらゆる領域で、西日本が東日本を圧倒しています。日本の古代史を特徴づける東西格差については、文化の進んだ大陸との距離、稲作文化との相性など、いくつかの理由が指摘されていますが、西日本に偏った朱の鉱床の分布も無関係ではないはずです。九州、奈良、伊勢、四国。古代の主だった朱産地のうち、伊勢は最も東寄りに位置し、時間軸のうえでは最後の朱産地だったことになります。主要な朱産地のうち、伊勢は大陸への輸出が最も不便な場所ですから、採掘があとまわしになったと考えられます。

伊勢神宮の謎を朱の歴史として考えはじめると、もうひとつの謎に視線がひきよせられます。なぜ、ヤマトタケルは伊勢国で死ななければならなかったのかという問題です。その物語が史実であればもちろん、フィクションであればなおさら、なぜ、ヤマトタケルの遍歴の終着点が伊勢国であるのか、その理由が問われるはずです。

景行天皇の皇子ヤマトタケルは東国遠征の帰途、近江国の伊吹山の神との戦いで傷つき、衰弱した体をひきずるように伊勢国を歩くとき、死の訪れを自覚します。その地で、ふるさとの奈良をおもいながら詠んだ歌が古事記にしるされています。

倭《やまと》は　国の真秀《まほ》ろば　たたなづく　青垣　山籠《ごも》れる　倭し麗《うるは》し

伊勢国を舞台とするヤマトタケルの最期は、この望郷の歌もあって、古事記の名場面として知られています。奇妙なことに日本書紀では、父親である景行天皇が九州遠征のとき、同じ歌を詠み上げています。その場所は日向国。奈良の都をしのんで歌ったとしるされています。

ヤマトタケルは最後の朱産地である伊勢の地から、景行天皇は朱の歴史のはじまりの地である九州から、奈良の美しい山をうたいあげています。奈良、伊勢、九州。日本列島の三大朱産地は、この歌によって連結されています。景行天皇とその皇子であるヤマトタケルが、朱と水銀にまつわる所伝の数々をかかえもっていることは、本稿でくりかえし確認してきたことです。そうであるならば、この歌は奈良盆地をかこむ山並の美しさだけでなく、朱の山の恵みをたたえていると理解できないでしょうか。日本列島の朱産地をめぐる苦難と栄光の歴史を秘めた歌なのではないでしょうか。

大地の歴史と人間の歴史

日本の女性の美質を大和撫子《やまとなでしこ》とたたえ、日本の古い言語を大和言葉《やまとことば》といいます。ヤマトという地名は、奈良盆地をさす言葉であるとともに、日本という国の別名にもなっています。最初の統一国家の所在地が、日本列島全体の呼称になったと考えればすむ話のようですが、先に申し上げたとおり、ヤマトは語源において、山処《やまと》あるいは山門《やまと》という説があり、山を連想させます。

本稿ではその山を、はかりしれない富をもたらす朱の山と見なしました。ヤマトは「朱の国」としての日本をあらわす言葉である。そう解釈したい気持ちが募ります。

邪馬台国《やまたいこく》の国名のなかに見える「やま」、そこにも朱の気配が漂っています。「魏志倭人伝」が「その山には丹あり」としるした朱の山を最初の手がかりとして、日本列島における朱の記憶を探ってきました。それは火山列島に生きた人々、とくにその産業と信仰の歴史です。火山は噴火の瞬間、赤い炎を噴き上げ、溶岩を流出し、すさまじいエネルギーを誇示しますが、活動が鎮まりそこから何万年という時間をかけて、美しい色をもつ朱の鉱石をつくりだすことがあります。朱は火山列島の恵みにほかなりません。

国旗である日の丸の赤。神社建築の朱色の輝き。その色は、山や川に朱《あか》い風景のひろがっていた日本列島によく似合っています。邪馬台国は「朱の王国」だったのか——。本稿が追ってきたこのテーマが真相に触れていれば、卑弥呼の治めた古代国家は、日本列島の〝はじまりの国〟として、それにふさわしい資格をもっていることになります。

古事記と日本書紀の叙述のなかで、神々の物語が終わり、人間の歴史が始まるとき、その最初の舞台は九州南部です。最初の統一国家は奈良を都として誕生し、最後の朱産地である伊勢に国家的な祭祀空間がつくられました。朱産地の配置図をもとにつくられたシナリオに沿って、物語が進行している。そんな錯覚さえいだいてしまいそうです。

九州、奈良、伊勢。三つの朱産地のむすびつきの中に、邪馬台国とヤマト王権の歴史は展開したのではないか。おおまかな推論の域を出ず、結論とは言えないものですが、そうした感触だけでも、本稿のまとめとして提示しておきたいと思います。

人間の意志や思惑を超えたものを、神の定めというのか運命というべきか、ふさわしい言葉はみつかりませんが、目に見えない大きな力が日本の歴史を動かしていたことはたしかです。千五百万年まえ、火山がすさまじい噴火を重ねたあと、死火山の沈黙のなかで朱の鉱床を胚胎したように、人間の歴史とは次元の異なる時間軸で、大地は自らの歴史を生きています。大地の歴史と人間の歴史。ふたつの時間が朱の山を舞台として交差していきます。私たちはその奇跡のようなドラマを、古事記、日本書紀、そして、「魏志倭人伝」にしるされた歴史と伝説をとおして知ることができるとおもうのです。

おわりに

邪馬台国を書名にかかげておきながらここまで、「魏志倭人伝」で最も有名な一文に触れていませんでした。投馬国《つまこく》（所在地は島根説、広島説、宮崎説など）から邪馬台国までの旅程を記述した「南至、邪馬壹國、女王之所都、水行十日、陸行一月」というくだりです。最後になってしまいましたが、あとがきの場を借りて、この問題について述べてみます。

江戸時代の徒歩旅行で、江戸と九州の長崎の間が一か月ちょっとと言われているので、交通事情の悪かった古代とはいえ、「陸行一月」、すなわち徒歩で一か月というのは相当の移動距離を連想させます。近畿説にとってもけして都合の良いデータではないのですが、奈良にある邪馬台国を目指して、広島県あたりで上陸してあとは歩いたとか、日本海ルートで福井県あたりから陸路で南進したとか、いくつかの説があります。波静かな瀬戸内海を水行して、大阪湾まで行けば安全で楽なのにという素朴な疑問は生じるものの、「陸行一月」が一応、合理的に説明されています。

一方、九州説の場合、どこに邪馬台国を仮定するとしても、「水行十日、陸行一月」については、一層、苦しい解釈を避けられません。「一月は一日の誤記である」「日数を誇大に報告している」「朝鮮半島からの移動をふくめたトータルの所要日数である」。いずれの説もモヤモヤ感は払拭できず、九州説の泣き所といわれていますが、邪馬台国を「朱の王国」とする仮説の延長線上に、ひとつのアイデアが浮かびました。

「其山有丹（その山には丹あり）」。「魏志倭人伝」は日本列島に豊かな朱（丹）の資源があることを、自信満々に報告しています。この記述は伝聞によるものではなく、現地調査にもとづく原資料がベースになっているのではないか。この本の原稿を書きながら、そんなことを考えていました。もし、日本列島の住人が魏の訪問者に対し、「朱の山があります」と言ったとしても、ほんとうに金銀に匹敵する資源価値のある朱（硫化水銀）の鉱床が存在するのか、それとも希少価値を有しないベンガラ（酸化鉄）や単なる赤土の山に過ぎないのかは、専門知識をもつ人が現場を見ないかぎり、判明しないはずだからです。優良な朱の鉱物であったとしても、貧弱な鉱床では話になりません。朱は日本列島を代表する鉱物資源であり、中国の正史に掲載する価値があるという確証のもと、「其山有丹」の一文は書かれたはずです。「魏志倭人伝」が、その後の日本列島の貿易史、現代の地質学データに照らし合わせても矛盾しない、正確な資源調査レポートであることは、本書で確認できたことのひとつです。

　現地住民の案内を得たとしても、朱の鉱床のある山、朱砂の堆積する丹生川を調査するには相応の時間を要したはずです。「水行十日、陸行一月」。この謎の一文を、そうした調査期間をふくめた記録であると考えることはできないでしょうか。朱産地の調査は、川（水）と山（陸）の双方において行う必要があるからです。これは現代の研究者にとっても、まったく同じことが求められます。私の場合、学術調査ではなく、撮影が目的の駆け足の取材旅行でしたが、大分県、滋賀県など各地の丹生川に沿って歩いて現状を確かめ、古代朱産地のある各県で、ささやかな〝陸行〟を重ねました。

「魏志倭人伝」を文面どおり訪問順として読むと、対馬、壱岐を通り、末盧国《まつらこく》で上陸した魏の訪問者は、伊都国《いとこく》、奴国《なこく》、不弥国《ふみこく》、投馬国を経て、邪馬台国に至りますが、不弥国までは、二地点間の移動距離を「里」という距離単位によって示しており、日数表記されるのは、最後のほうの投馬国と邪馬台国だけです。不弥国と投馬国の間は「水行二十日」。邪馬台国に近づくにつれて、二地点間の距離が異様に間延びしているように見えます。

　移動距離を日数で示す事例は、「魏志倭人伝」以外の中国の史書でもいくつか指摘されているので、まったくの異例ではないようですが、多くの論者が問題視しているように、日数は本来、時間の長さを示す単位であり、距離を示す単位としては正確性に欠けます。一日の移動距離は地理的条件や道路事情、天候によって違いますし、異国については読者がそれを想像するのも困難です。「魏志倭人伝」のこうした日数表記については、魏の訪問者の記録やメモが原資料になっていると推測されますが、何か特殊な事情があったと見るしかありません。朱の視点からの一案として、調査期間を想定してみました。第一章で申し上げたとおり、文明国が未知の国と国交をむすんだとき、そこにどのような天然資源があるかを調べることは、古今東西で実施されていることです。

このように推論すれば、九州説においても、一応の合理的な説明が可能になるとおもうのですが、いかがでしょうか。卑弥呼の王宮の所在地については、纒向《まきむく》遺跡の発掘報道が過熱していた一時期、奈良でほぼ決まりという雰囲気が漂っていましたが、それから十年ちかく経過したいまも決定的な証拠は示されていません。朱の問題をはじめとして、九州説についても、まだまだ、検討すべきテーマは多いとおもいます。

担当編集者の稲田勇夫さんは、前作を出版したとき、文藝春秋の電子書籍部に在籍中で、そのときからのお付き合いです。前作の電子書籍版が残念ながらモノクロ写真だったので、無理を言って、カラー写真をふんだんにつかった無料電子書籍を別冊のようなかたちでつくってもらったのですが、そのときの担当が稲田さんでした。『「火山で読み解く古事記の謎」トラベルガイド』というタイトルです。主要な電子書籍ストアにて無料で入手できますから、興味のある方はお試しください。前作の担当者が新書編集部を離れるのとほぼ同時期に、稲田さんが新書編集部に異動し、いいアイデアがあれば続編をやりましょう――と声をかけてくれました。

朱の鉱物という色が重要な意味をもつテーマでありながら、モノクロの写真しか掲載できませんでした。本稿でとりあげた全国各地の取材現場の写真や関連記事を、筆者が開設している「桃山堂ブログ」（http://motamota.hatenablog.com）の〈邪馬台国は「朱の王国」だった〉というカテゴリー（記事の分類項目）に掲載しています。あわせてご覧ください。

ご感想、ご批判、ご助言など、お寄せいただければありがたいです。筆者の個人メール momoyamadokamachi@gmail.com までご連絡ください。

主要参考文献

■朱・水銀の歴史にかんする文献（道教、長者伝説関係をふくむ）

松田壽男『丹生の研究：歴史地理学から見た日本の水銀』（早稲田大学出版部、一九七〇年）
松田壽男『古代の朱』（学生社、一九七五年）　※ちくま学芸文庫で復刻
市毛勲『朱の考古学』（雄山閣出版、一九七五年）
市毛勲『朱丹の世界』（ニューサイエンス社、二〇一六年）
武藤与四郎『日本における朱の経済的価値とその変遷』（小宮山書店、一九六九年）
永江秀雄「『お水取り』の起源」（『若越郷土研究』第一〇巻第六号所収、一九六五年）
永江秀雄「水銀産地名『丹生』を追って」（谷川健一編『金属と地名』所収、三一書房、一九九八年）
白洲正子『十一面観音巡礼』（新潮社、一九七五年）　※講談社文芸文庫で復刻
谷川健一『青銅の神の足跡』（集英社、一九七九年）
丹生廣良『丹生神社と丹生氏の研究：伊都国王の盛衰と丹生氏の出自についての一考察』（きのくに古代史研究会、一九七七年）
桑田忠親編『日本の合戦②南北朝の争乱』（人物往来社、一九六五年）
中村直勝「伊勢の水銀剤」（『大手前女子大学論集』巻九所収、大手前大学、一九七五年）※ネット閲覧可
田中八郎『大和誕生と水銀：土ぐもの語る古代史の光と影』（彩流社、二〇〇四年）
上垣外憲一『古代日本謎の四世紀』（学生社、二〇一一年）
田畑美穂『伊勢水銀異聞：女人高野悲歌』（伊勢の國・松坂十樂、二〇〇二年）

奥義次ほか『丹生水銀鉱採掘跡分布調査報告』（三重県多気郡多気町教育委員会、二〇一七年）
南武志ほか「硫黄同位体分析による西日本日本海沿岸の弥生時代後期から古墳時代の墳墓における朱の産地同定の試み」（『地球化学』四七巻四号所収、日本地球化学会、二〇一三年）※ネット閲覧可
今津節生ほか『朱の産地推定から見た古代国家形成過程に関する総合的研究』（奈良県立橿原考古学研究所、二〇〇五年）
『辰砂生産遺跡の調査：徳島県阿南市若杉山遺跡』（徳島県立博物館、一九九七年）
中村春寿、上田宏範『奈良県史跡名勝天然記念物調査報告⑲　桜井茶臼山古墳』（奈良県教育委員会、一九六一年）
野田雅之「豊後の国丹生の郷に古代水銀朱を追う」（『大分地質学会誌』第一三号所収、二〇〇七年）
堀純郎「本邦の水銀鉱床」（『地質調査所報告』第一五四号所収、地質調査所、一九五三年）※ネット閲覧可
『勢和村史　通史編』（三重県勢和村、一九九九年）
『三重県史　通史編　原始・古代』（三重県、二〇一六年）
藤野保編『大村郷村記』（国書刊行会、一九八二年）
橘南谿「東遊記」（東洋文庫『東西遊記①』所収、平凡社、一九七四年）
小葉田淳『金銀貿易史の研究』（法政大学出版局、一九七六年）
中西聡編『日本経済の歴史：列島経済史入門』（名古屋大学出版会、二〇一三年）
大波多海ほか『臼杵石仏地域の民俗』（臼杵市教育委員会、一九七八年）
柳田國男「炭焼小五郎が事」（ちくま文庫『柳田國男全集①』などに所収）

『真名長者実記』（柳井市立柳井図書館、二〇〇一年）
深根輔仁『本草和名』（編纂校訂・正宗敦夫、現代思潮社、一九七八年）
葛洪『抱朴子　内篇』（訳注・本田濟、平凡社、一九九〇年）
「石薬爾雅」（郭正誼主編『中國科學技術典籍通彙　化學巻1』所収、中国・河南教育出版社、一九九五年）
福永光司『道教と古代日本』（人文書院、一九八七年）
佐藤任『空海と錬金術：金属史観による考察』（東京書籍、一九九一年）

■地質学関係の文献（朱・水銀、金、マンガンの鉱山、近畿地方における太古の火山活動）

木下亀城ほか『日本地方鉱床誌　九州地方』（朝倉書店、一九六一年）
滝本清ほか『日本地方鉱床誌　近畿地方』（朝倉書店、一九七三年）
渡辺武男ほか『日本地方鉱床誌　四国地方』（朝倉書店、一九七三年）
日本の地質編集委員会編『日本の地質』シリーズのうち「九州地方」「中国地方」「近畿地方」の各巻（共立出版、一九八七年〜九二年）
日本地質学会編『日本地方地質誌』シリーズのうち「九州・沖縄地方」「中国地方」「近畿地方」の各巻（朝倉書店、二〇〇九年〜一〇年）
野田雅之「東九州秩父帯に分布する層状マンガン鉱床の特性とその成因について」（『大分地質学会誌』第一九号所収、二〇一三年）
名古屋鉱物同好会編『東海　鉱物採集ガイドブック』（七賢出版、一九九六年）

松本晴仁ほか「高野山と丹生都比売神社周辺の辰砂の分布」（鉱物同志会誌『水晶』第一七号所収、二〇〇五年）
南武志ほか「日本における辰砂鉱山鉱石のイオウ同位体比分析」（『理工学総合研究所研究報告』第二〇号所収、近畿大学、二〇〇八年）※ネット閲覧可
工業技術院地質調査所（現・地質調査総合センター）「5万分の1地質図幅　吉野山」（一九五八年）※ネット閲覧可
同「豊岡」（一九九三年）※ネット閲覧可
林昇一郎「徳島県由岐水銀鉱山水銀鉱床調査報告」（工業技術院地質調査所「地質調査所月報」第七巻第六号所収、一九五六年）※ネット閲覧可
磯部克、田端茂『三重県鉱物誌』（三重県高等学校理科教育研究会地学部会、一九八六年）
西田史朗『奈良の地学：記録と随想』（地域自然誌研究会、二〇一〇年）
地学団体研究会大阪支部編著『大地のおいたち：神戸・大阪・奈良・和歌山の自然と人類』（築地書館、一九九九年）
飯山敏道『鉱床学概論』（東京大学出版会、一九八九年）
齋藤勝裕『へんな金属　すごい金属：ふしぎな能力をもった金属たち』（技術評論社、二〇〇九年）
セオドア・グレイ『世界で一番美しい元素図鑑』（創元社、二〇一〇年）

■邪馬台国関係の文献

『新訂　魏志倭人伝　他三編：中国正史日本伝（1）』（編訳・石原道博、岩波書店、一九五一年）

『倭国伝：中国正史に描かれた日本』（全訳注・藤堂明保ほか、講談社学術文庫、二〇一〇年）
恋塚春雄『真説邪馬台国』（五稜出版社、一九七六年）
宮崎康平『まぼろしの邪馬台国』（講談社、一九六七年）
原田大六『実在した神話：発掘された「平原弥生古墳」』（学生社、一九六六年）
寺沢薫『王権誕生』（講談社、二〇〇〇年）
岡部裕俊ほか『福岡県立糸島高等学校郷土博物館　公式ガイドブック』（糸島高校、二〇一六年）
金文京『中国の歴史④三国志の世界：後漢 三国時代』（講談社、二〇〇五年）
平野邦雄『邪馬台国の原像』（学生社、二〇〇二年）
高木彬光『邪馬台国の秘密』（光文社、一九七三年）
富来隆『卑弥呼：朱と蛇神をめぐる古代日本人たち』（学生社、一九七〇年）
佐原真『魏志倭人伝の考古学』（岩波書店、二〇〇三年）
大塚初重『邪馬台国をとらえなおす』（講談社、二〇一二年）
石野博信『邪馬台国の候補地：纒向遺跡』（新泉社、二〇〇八年）
清水眞一『最初の巨大古墳・箸墓古墳』（新泉社、二〇〇七年）
澤井良介『邪馬台国近江説：古代近江の点と線』（幻冬舎ルネッサンス、二〇一〇年）
後藤聡一『邪馬台国近江説：纒向遺跡「箸墓＝卑弥呼の墓」説への疑問』（サンライズ出版、二〇一〇年）
武智鉄二『古代出雲帝国の謎：邪馬台国論争に結着をつける〝土の笛〟』（祥伝社、一九七五年）
内藤湖南「卑弥呼考」（京都帝国大学京都文学会誌『芸文』に連載、一九一〇年）※ネット閲覧可

■ウェブサイト

「TrekGEO　鉱物を歩こう」の「日本の辰砂の産地」（国内の朱産地を網羅するリスト）
https://trekgeo.net/m/e/cinnabar1.htm

「GPS考古学　朱の王国と神武（崇神）の大和侵攻」（奈良県在住の元高校教諭による神武天皇と朱の伝承地についての現地レポート）
http://www.geocities.jp/watsns/zinmu4.html

「アーバンクボタ　28」（株式会社クボタ刊行の地質学雑誌。近畿地方の太古の火山を詳述）
http://www.kubota.co.jp/siryou/pr/urban/pdf/28/index.html

「天然鉱石専門店 ミネラルショップ　たんくら　店主の鉱山探訪記」（京都府のマンガン鉱山に見える朱についての報告）
https://ameblo.jp/tankura/entry-12064239626.html

「伊藤剛のトカトントニズム」（東京工芸大教授で、マンガ評論家、鉱物愛好家の伊藤剛氏がマンガン地帯の朱について解説）
http://d.hatena.ne.jp/goito-mineral/20051003/p2

「三木市の自然　地学編」（兵庫県にある朱土の露頭の紹介。近くに丹生神社あり）
http://educa.miki.ed.jp/nature/index.html

蒲池明弘（かまち　あきひろ）
1962年、福岡県生まれ。小学校から高校までは長崎県在住。早稲田大学卒業後、読売新聞社に入社、東京本社経済部などで勤務。中途退社後、桃山堂株式会社を設立し、歴史や神話にかかわる出版、著述活動をはじめる。単著に『火山で読み解く古事記の謎』（文春新書）、共著に『火山と日本の神話』『豊臣秀吉の系図学』（ともに桃山堂）など。
メール　momoyamadokamachi@gmail.com
ブログ　http://motamota.hatenablog.com

文春新書

1177

邪馬台国《やまたいこく》は「朱《しゅ》の王国《おうこく》」だった

2018年（平成30年）7月20日　第1刷発行

著　者　蒲池明弘
発行者　飯窪成幸
発行所　株式会社　文藝春秋

〒102-8008　東京都千代田区紀尾井町3-23
電話（03）3265-1211（代表）

印刷所　理想社
付物印刷　大日本印刷
製本所　大口製本

定価はカバーに表示してあります。
万一、落丁・乱丁の場合は小社製作部宛お送り下さい。
送料小社負担でお取替え致します。

ISBN978-4-16-661177-5

文春新書好評既刊

蒲池明弘
火山で読み解く古事記の謎

神が降り立ったのは草木も生えぬ荒涼とした山だった？ 九州南部、出雲を舞台とする古事記に、縄文時代の巨大噴火の記憶を辿る

1122

白石太一郎
古墳とヤマト政権
古代国家はいかに形成されたか

ヤマト政権が成立したのは、果して三世紀か、五世紀か、七世紀か。発掘の成果をふまえて古代史最大の謎・この国のルーツに迫る

036

矢澤高太郎
天皇陵の謎

古代天皇陵で陵名の天皇が本当にそこに葬られている例はほとんどない。では、誰がそこに眠っているのか？ 古代史最大の謎に挑む

831

水谷千秋
謎の大王　継体天皇

大和から遠く離れた地に生まれ異例の形で即位した天皇。そしてその死も深い闇に包まれている。現代天皇家の祖はどんな人物なのか

192

本郷和人
日本史のツボ

土地、宗教、軍事、経済、地域、女性、天皇。七大テーマを押さえれば、日本史の流れが一気につかめる。人気歴史学者の明快日本史

1153